suhrkamp taschenbuch
wissenschaft 19

Noam Chomsky, geboren 1928, lehrt am Massachusetts Institute of Technology (MIT). Hauptwerke:
Syntactic Structures, Cartesian Linguistics, Aspekte der Syntax-Theorie, Amerika und die neuen Mandarine, Die Verantwortlichkeit der Intellektuellen, Indochina und die amerikanische Krise. Im Krieg mit Asien I, For Reasons of State.
Chomskys Arbeit, die auf drei Vorlesungen an der Universität Berkeley zurückgeht, ist eine Art Summe seiner sprachwissenschaftlichen Forschung. Chomsky bestimmt die Linguistik eher als Teilgebiet der Psychologie. So fällt der Grammatik die Aufgabe zu, Hypothesen darüber vorzuschlagen, was Chomsky Sprachgefühl oder intuitives, unbewußtes Wissen nennt. Chomsky führt das latente, normative Bewußtsein über sprachliche Strukturen gegen die behavioristischen Versuche ins Feld, die Sprache auf Sprachverhalten, Kompetenz auf Können zu reduzieren.

Noam Chomsky
Sprache und Geist

Mit einem Anhang:
Linguistik und Politik

Suhrkamp

Originaltitel *Language and Mind*
Deutsch von Siegfried Kanngießer, Gerd Lingrün und Ulrike Schwarz

Linguistics and Politics
Deutsch von Anna Kamp

suhrkamp taschenbuch wissenschaft 19
Erste Auflage 1973
© 1968 by Harcourt, Brace & World, Inc. für
Language and Mind.
© 1969 by New Left Review für Linguistics
and Politics.
© dieser Ausgabe Suhrkamp Verlag,
Frankfurt am Main 1970
Suhrkamp Taschenbuch Verlag
Alle Rechte vorbehalten, insbesondere das des
öffentlichen Vortrags, der Übertragung durch
Rundfunk oder Fernsehen und der Übersetzung,
auch einzelner Teile.
Druck: Ebner, Ulm · Printed in Germany
Umschlag nach Entwürfen
von Willy Fleckhaus und Rolf Staudt

Inhalt

Sprache und Geist

Vorwort   7

1. Linguistische Beiträge zur Untersuchung des Geistes: *Vergangenheit*   10

2. Linguistische Beiträge zur Untersuchung des Geistes: *Gegenwart*   45

3. Linguistische Beiträge zur Untersuchung des Geistes: *Zukunft*   109

Anhang:

»Linguistik und Politik.« Interview mit Noam Chomsky   163

Vorwort

Die drei Kapitel dieses Buches sind geringfügig überarbeitete Fassungen von drei Vorlesungen, die ich im Januar 1967 an der Universität von Kalifornien, in Berkeley, gehalten habe. Die erste stellt einen Versuch dar, in der Vergangenheit geleistete Beiträge zur Untersuchung des Geistes zu beurteilen, die auf Studien und Vermutungen über die Natur der Sprache beruhten. Die zweite ist gegenwärtigen Entwicklungen in der Linguistik gewidmet, die eine Beziehung zur Untersuchung des Geistes aufweisen. Die dritte ist eine hochgradig spekulative Erörterung derjenigen Richtungen, in die das Studium von Sprache und Geist in den kommenden Jahren führen könnte. Die drei Vorlesungen betreffen also die Vergangenheit, die Gegenwart und die Zukunft.

Bei dem gegenwärtigen Stand der Forschung auf dem Gebiet der Geschichte der Linguistik muß sogar schon der Versuch, die in der Vergangenheit geleisteten Beiträge zu beurteilen, als ausgesprochen vorläufig angesehen werden. Auch die moderne Linguistik hegt die Wahnvorstellung – das ist, glaube ich, der angemessene Ausdruck –, daß die modernen »Verhaltenswissenschaften« in irgendeiner wesentlichen Hinsicht einen Übergang von der »Spekulation« zur »Wissenschaft« erreicht hätten, und daß frühere Arbeiten guten Gewissens den Antiquaren übergeben werden könnten. Zweifellos wird jeder vernünftige Mensch für die strenge Analyse und für das sorgfältige Experiment eintreten; aber ich glaube, daß die »Verhaltenswissenschaften« in einem beträchtlichen Maße lediglich die oberflächlichen Merkmale dessen inkorporieren, was die Naturwissenschaften auszeichnet; viel von ihrem wissenschaftlichen Charakter verdanken sie einer Restriktion ihres Objektbereiches und der Konzentration auf recht periphere Probleme. Solch eine Einengung des Blickwinkels kann dann gerechtfertigt werden, wenn sie zu Resultaten von wirklicher intellektueller

Signifikanz führt, in diesem Falle jedoch würde es meiner Meinung nach sehr schwer zu beweisen sein, daß diese Einengung des Gesichtskreises zu fundamentalen und signifikanten Resultaten geführt hat. Darüber hinaus gab es eine natürliche, aber unglückliche Neigung, von dem Fingerhut von Erkenntnis, die mit sorgfältiger Experimentierpraxis und strenger Datenverarbeitung gewonnen wurde, zu Sachverhalten von umfassenderer Bedeutung und erheblicher sozialer Relevanz zu extrapolieren. Es ist dies eine ernste Angelegenheit. Die Experten haben die Verantwortung, die tatsächlichen Grenzen ihrer Verständnismöglichkeiten und der bisher erzielten Resultate aufzudecken, und eine sorgfältige Analyse dieser Grenzen wird, wie ich glaube, zeigen, daß praktisch in jedem Bereich der Sozial- und Verhaltenswissenschaften die derzeit verfügbaren Resultate eine solche »Extrapolation« nicht stützen würden. Eine solche Analyse wird meiner Ansicht nach weiterhin zeigen, daß der Beitrag, der im Rahmen früherer Überlegungen und Vermutungen erbracht wurde, nicht ohne weiteres vernachlässigt werden kann, sondern vielmehr in einem erheblichen Maße auch heute noch eine unerläßliche Basis für ernsthafte Arbeit darstellt. Ich will hier nicht versuchen, diesen Gesichtspunkt generell zu rechtfertigen, sondern lediglich hervorheben, daß es genau dieser Gesichtspunkt ist, der den folgenden Vorlesungen zugrunde liegt.

In der zweiten Vorlesung habe ich nicht den Versuch gemacht, eine systematische Darstellung dessen zu geben, was in der linguistischen Forschung erreicht worden ist; ich habe mich vielmehr auf Probleme konzentriert, die sich in der vordersten Linie der Forschung stellen und sich bislang einer Lösung entziehen. Vieles aus dem Bereich dieser Vorlesung wird, zusammen mit interessanten, kritischen Kommentaren von Max Black, unter dem Titel »Problems of Explanation in Linguistics« als ein Kapitel von *Explanations in Psychology*, ed. R. Borger, F. Cioffi (New York: Cambridge University Press, 1967) erscheinen. In der ersten und dritten Vorlesung wird von Material aus einer Vorlesung Gebrauch gemacht, die im April 1966 an der Universität von Chicago gehalten wurde und die in *Changing Perspectives on Man*, ed. B. Rothblatt (Chicago: University of Chicago Press, 1968) erscheint. Ein Teil der ersten Vorlesung wurde in dem *Columbia University Forum* im Frühjahr 1968 (Vol. XI, No. 1) veröffentlicht, und ein Teil der dritten Vorlesung ist in der Herbstausgabe 1968 (Vol. XI, No. 3) erschienen.

Ich möchte den Mitgliedern der Fakultät und der Studentenschaft in Berkeley meinen Dank für die vielen nützlichen Stellungnahmen und Kommentare aussprechen und, ganz allgemein, für das fruchtbare und anregende intellektuelle Klima, in dem ich einige Monate verbringen durfte, bevor ich diese Vorlesungen hielt. Außerdem bin ich John Ross und Morris Halle für weiterhelfende Kommentare und Anregungen zu Dank verpflichtet.

Linguistische Beiträge
zur Untersuchung des Geistes

1. Vergangenheit

In diesen Vorlesungen möchte ich mich gern auf die Frage konzentrieren, welchen Beitrag das Studium von Sprache für unser Verständnis der menschlichen Natur leisten kann. Auf die eine oder andere Art durchzieht diese Frage das gesamte westliche Denken der Neuzeit. In einem Zeitalter, das unbekümmerter und weniger spezialisiert war als das unsere, waren die Natur der Sprache, die Umstände, unter denen die Sprache mentale Prozesse reflektiert oder den Ablauf und Charakter des Denkens formt, Gegenstand der Untersuchung und Betrachtung für Gelehrte und begabte Amateure, die über eine reiche Vielfalt von Interessen, Standpunkten und intellektuellen Motiven verfügten. Und im 19. und 20. Jahrhundert, als Linguistik, Philosophie und Psychologie zögernd versuchten, ihre eigenen Wege zu gehen, stellten sich die klassischen Probleme von Sprache und Geist unvermeidlich wieder ein und dienten dazu, diese divergierenden Disziplinen zu verbinden und ihren Bemühungen Richtung und Bedeutung zu geben. Es gab in dem vergangenen Jahrzehnt Anzeichen dafür, daß die recht künstliche Trennung der Disziplinen ein Ende finden könnte. Es gereicht nicht länger mehr zur Ehre einer jeden, ihre absolute Unabhängigkeit von den anderen zu demonstrieren; auch haben sich neue Interessen entwickelt, die es gestatten, die klassischen Probleme auf eine neue und zum Teil suggestive Weise zu formulieren – zum Beispiel in Hinblick auf die Perspektiven, die durch Kybernetik und Kommunikationswissenschaft eröffnet werden, und vor dem Hintergrund von Entwicklungen in der komparativen und physiologischen Psychologie, welche lang bestehende Überzeugungen zweifelhaft machten und die wissenschaftliche Vorstellungskraft von gewissen Fesseln befreiten, die ein so vertrauter Teil unserer intellektuellen Umgebung geworden waren, daß sie fast jenseits des Bewußtseins lagen. All dies ist höchst ermutigend. Ich glaube, es gibt in der kognitiven Psychologie – und in jenem besonderen Zweig der kognitiven Psychologie, der als Linguistik bekannt ist – mehr gesunde Unruhe, als es sie lange Jahre hindurch gegeben hat. Und eines der ermutigendsten Zeichen ist es, daß der Skeptizismus gegenüber den Orthodoxien der jüngsten Vergangenheit mit dem Bewußtsein von den Versuchungen und Gefahren einer frühzeitigen Orthodoxie verbunden ist, einem Bewußtsein, das, wenn es sich durchzusetzen in der Lage ist, dem Aufkommen eines neuen und lähmenden Dogmas vorbeugen kann.

Man kann in der Beurteilung der derzeitigen Situation leicht fehlgehen; trotzdem scheint es mir, daß der Niedergang des Dogmatismus und die damit verbundene Suche nach neuen Zugängen zu alten und oft noch schwer faßbaren Problemen gänzlich unverkennbar ist, und zwar nicht nur in der Linguistik, sondern in allen Disziplinen, die sich mit der Untersuchung des Geistes befassen. Ich erinnere mich sehr deutlich, wie unbefriedigt ich mich als Student angesichts der Tatsache fühlte, daß, wie es schien, die Grundprobleme des Faches gelöst waren, und daß nur noch Techniken der linguistischen Analyse, auf die man sich ziemlich gut verstand, zu präzisieren, zu verbessern und auf einen größeren Bereich von Sprachmaterial anzuwenden waren. Während der Nachkriegsjahre war dies die vorherrschende Einstellung in den führenden Forschungszentren. Ich entsinne mich, daß mir im Jahr 1953 ein hervorragender Vertreter der anthropologischen Linguistik erzählte, er habe nicht die Absicht, sich durch die breite Materialsammlung, die er zusammengestellt habe, hindurchzuarbeiten, denn es werde in wenigen Jahren sicherlich möglich sein, einen Computer so zu programmieren, daß er aus einer umfangreichen Datenmenge eine Grammatik konstruiert, und zwar vermittels der Anwendung von Techniken, die bereits einigermaßen gut formalisiert seien. Zu jener Zeit schien dies keine unvernünftige Haltung zu sein, obwohl die Aussicht für jeden bedrückend war, der fühlte oder zumindest hoffte, daß die Quellen des menschlichen Verstandes tiefer lägen, als es mit diesen Prozeduren und Techniken auszumachen war. Dementsprechend gab es in den frühen fünfziger Jahren einen auffallenden Rückgang an Arbeiten über linguistische Methoden, da sich die meisten führenden Theoretiker dem Problem zuwandten, wie ein im wesentlichen geschlossenes Corpus von Techniken in neuen Bereichen Anwendung finden könnte – etwa in dem Bereich der Analyse fortlaufender Rede oder in dem anderer Kulturphänomene, die über die Sprache hinausgehen. Ich kam nach Harvard als *graduate student,* kurz nachdem B. F. Skinner seine William-James-Vorlesungen – später in seinem Buch *Verbal Behavior* publiziert – gehalten hatte. Unter jenen Sprachphilosophen und Sprachpsychologen gab es kaum Zweifel darüber, daß, obwohl Details fehlten und die Fakten nicht ganz so einfach liegen konnten, sich trotzdem ein behavioristisches System in der Art, wie Skinner es umrissen hatte, als durchaus adäquat erweisen würde, um den vollen Umfang des Sprachgebrauchs zu erfassen. So gab es wenig Grund, die Überzeugung Leonard Bloomfields, Bertrand Russells, sowie die der positivistischen Linguisten, Psychologen und Philosophen überhaupt, in Frage zu stellen; die Überzeugung, daß man das System der Stimulus-Response-Psychologie bald bis zu dem Punkt erweitern würde, wo es eine befriedigende Erklärung selbst für die geheimnisvollste der menschlichen Fähigkeiten liefern würde. Die radikalsten Geister glaubten, daß man, um diesen Fähigkeiten in vollem Umfang gerecht werden zu können, vielleicht kleine s's und r's im Gehirn annehmen müsse – neben den großen S's und R's*, die unmittelbarer Beobachtung zugänglich sind; diese Erweiterung war aber nicht unverträglich mit der allgemeinen Ansicht.

Kritische Stimmen, sogar solche, die über ein beträchtliches Ansehen verfügten, wurden einfach überhört. So formulierte etwa Karl Lashley 1948 eine brillante Kritik an den gängigen Vorstellungen, wobei er zeigte, daß dem Sprachgebrauch – und

---

* Die Termini *Stimulus-Response* werden in der Fachliteratur zumeist in der abgekürzten Form *S-R* verwendet. – Anm. d. Übers.

allem organisierten Verhalten – abstrakte Mechanismen irgendwelcher Art zugrunde liegen müssen, die nicht im Rekurs auf Assoziationen analysierbar seien und sich nicht auf eine derart simple Art und Weise entwickelt haben könnten. Aber seine Argumente und Vorschläge, obwohl begründet und einsichtig, hatten nicht die geringste Wirkung auf die Entwicklung seines Faches und blieben unbeachtet – sogar an seiner eigenen Universität (Harvard), dem damals führenden Zentrum der Psycholinguistik. Zehn Jahre später begann man Lashleys Beitrag richtig einzuschätzen, jedoch erst, nachdem seine Einsichten unabhängig von ihm in einem anderen Kontext gewonnen worden waren.

Die technologischen Fortschritte der vierziger Jahre verstärkten nur noch die allgemeine Euphorie. Computer waren in Sicht, und ihre bevorstehende Verfügbarkeit verstärkte den Glauben, daß es hinreichen würde, ein theoretisches Verständnis allein der einfachsten und ohnehin einsichtigen Phänomene zu gewinnen – alles andere würde lediglich beweisen, daß es sich um »mehr des Gleichen« handelt, um eine scheinbare Komplexität, die durch das elektronische Wunder entwirrt werden würde. Der Laut-Spektrograph, während des Krieges entwickelt, eröffnete für die physikalische Analyse von Sprechlauten ähnliche Aussichten. Die Berichte der interdisziplinären Tagungen über Sprech-Analyse der frühen fünfziger Jahre lesen sich heute sehr interessant. Es gab nur wenige, die uneinsichtig genug zu sein schienen, die Möglichkeit, genauer die unmittelbare Möglichkeit, einer endgültigen Lösung des Problems, Gesprochenes in Geschriebenes durch geeignete Computer-Techniken zu überführen, in Frage zu stellen. Und nur wenige Jahre später wurde unter Jubel entdeckt, daß maschinelle Übersetzung und automatische Abstraktion ebenfalls gerade vor der Tür standen. Für diejenigen, die eine eher mathematische Formulierung der grundlegenden Prozesse suchten, gab es die gerade entwickelte mathematische Kommunikationstheorie, die, wie in den frühen fünfziger Jahren weithin angenommen wurde, einen fundamentalen Begriff – den Begriff der »Information« – zur Verfügung gestellt hatte, der die Sozial- und Verhaltenswissenschaften vereinigen und die Entwicklung einer zuverlässigen und zufriedenstellenden mathematischen Theorie des menschlichen Verhaltens auf einer probabilistischen Basis gestatten würde. Ungefähr zu gleicher Zeit entwickelte sich die Automatentheorie als eine selbständige Disziplin, die von eng verwandten mathematischen Begriffen Gebrauch machte, und die sich unmittelbar, und durchaus zu Recht, früheren Untersuchungen im Rahmen der Theorie der Neuronennetze anschloß. Es gab einige – beispielsweise John von Neumann –, die fühlten, daß die gesamte Entwicklung bedenklich und bestenfalls schwankend war, daß man sich vielleicht aber auch einen gänzlich falschen Begriff von ihr machte; doch diese Bedenken reichten nicht hin, um der Meinung entgegenzuwirken, daß Mathematik, Technologie und behavioristische Linguistik und Psychologie unter einem Aspekt konvergierten, der sehr einfach, sehr klar und vollständig adäquat sei, um ein grundsätzliches Verständnis dessen sicherzustellen, was in der Tradition im Dunklen gelassen worden sei.

Zumindest in den Vereinigten Staaten ist heute jedoch wenig von den Illusionen der ersten Nachkriegsjahre zu spüren. Betrachten wir den gegenwärtigen Stand der Methodologie der strukturellen Linguistik, den der Stimulus-Response-Psycholinguistik (ob zu einer »Mediationtheorie« erweitert oder nicht) oder den der probalistischen oder automatentheoretischen Modelle des Sprachgebrauchs, so können wir feststellen, daß in jedem Fall eine Parallelentwicklung eingesetzt hat: Eine sorgfältige Analyse hat gezeigt, daß das vorgeschlagene System von Begriffen und Prinzipien genau in dem Maße, in dem es präzisiert werden kann, auch als in fundamentaler Hinsicht inadäquat nachgewiesen werden kann. Die Strukturtypen, die mittels dieser Theorien aufgedeckt werden können, sind nun einmal einfach nicht diejenigen, die als dem Sprachgebrauch zugrunde liegend postuliert werden müssen, wenn empirische Adäquatheitsbedingungen erfüllt werden sollen. Mehr noch, die Art dieses Versagens und dieser Inadäquatheit gibt wenig

Grund zu der Annahme, daß diese Ansätze in die richtige Richtung weisen. In jedem der Fälle wurde nämlich – recht überzeugend meiner Meinung nach – gezeigt, daß ein derartiger Ansatz nicht nur inadäquat, sondern in grundsätzlicher und wesentlicher Hinsicht falsch konzipiert ist. Wie ich glaube, ist dieses recht klar geworden: wenn wir jemals verstehen wollen, wie Sprache gebraucht oder erlernt wird, so müssen wir, um eine selbständige und unabhängige Untersuchung durchführen zu können, ein kognitives System voraussetzen, ein System von Wissen und Glauben, das sich in frühester Kindheit entwickelt und das, in Wechselwirkung mit vielen anderen Faktoren, diejenigen Verhaltensweisen determiniert, die wir beobachten; um einen terminus technicus einzuführen: wir müssen das System der *Sprachkompetenz* isolieren und untersuchen, das dem Verhalten zugrundeliegt, jedoch in keinerlei direkter oder einfacher Weise im Verhalten realisiert wird. Und dieses System der Sprachkompetenz ist qualitativ verschieden von all dem, was mittels der taxonomischen Methoden der strukturellen Linguistik, der Begriffe der S-R-Psychologie oder der Begriffe, die in der mathematischen Kommunikationstheorie oder der Theorie einfacher Automaten entwickelt wurden, beschrieben werden kann. Die Theorien und Modelle, die entwickelt wurden, um einfache und unmittelbar gegebene Phänomene zu beschreiben, können das tatsächliche System der Sprachkompetenz nicht inkorporieren; eine »Extrapolation« von bloßen Beschreibungen kann die Eigenheit der Sprachkompetenz nicht erfassen; mentale Strukturen sind nicht einfach »mehr des Gleichen«, sondern qualitativ verschieden von den komplexen Verflechtungen und Strukturen, die durch Ausarbeitung der Begriffe entwickelt werden können, die vielen Wissenschaftlern vor nur wenigen Jahren so vielversprechend erschienen. Das, worum es hier geht, ist nicht eine Frage des Grades der Komplexität, sondern eine Frage der Art der Komplexität. Dementsprechend gibt es keinen Grund, zu erwarten, daß die verfügbare Technologie eine signifikante Einsicht oder ein signifikantes Verständnis liefern oder nützliche Leistungen erbringen kann; gerade das verfehlte sie merklich, und tatsächlich brachte eine nennenswerte Investition von Zeit, Energie und Geld beim Einsatz von Computern für linguistische Forschung – nennenswert zumindest im Verhältnis zu einer so kleinen Disziplin wie der Linguistik – keine signifikanten Fortschritte in unserem Verständnis des Gebrauchs oder der Natur der Sprache. Diese Urteile sind recht streng, doch ich halte sie für vertretbar. Überdies werden sie kaum von führenden Linguisten oder Psycholinguisten erörtert.

Zu derselben Zeit gab es, wie ich glaube, signifikante Fortschritte in unserem Verständnis der Natur der Sprachkompetenz und mancher der Arten, in denen sie gebraucht wird. Doch diese Fortschritte gingen, so wie sie sind, aus solchen Annahmen hervor, die sich sehr von denen unterschieden, die in dem soeben erwähnten Zeitraum so enthusiastisch propagiert wurden. Mehr noch, diese Fortschritte haben nicht die Kluft zwischen dem verringert, was bekannt ist, und dem, was wohl jenseits des Bereichs gegenwärtiger Einsicht und Technik liegt; vielmehr hat jeder Fortschritt klar gemacht, daß diese intellektuellen Horizonte ferner liegen, als es bislang angenommen wurde. Schließlich ist es, wie mir scheint, ziemlich klar geworden, daß den Annahmen und Ansätzen, die heute als produktiv gelten, eine eindeutig traditionelle Färbung eigen ist. Allgemein gesagt: eine vielfach verachtete Tradition ist in den letzten Jahren weithin erneuert worden, und ihren Werken ist ernsthafte und, so meine ich, wohlverdiente Aufmerksamkeit zuteil geworden. Aus der Anerkennung dieser Fakten ergibt sich die allgemeine und ganz gesunde Haltung des Skeptizismus, von der ich zuvor sprach.

Kurzum, es scheint mir beim derzeitigen Entwicklungsstand der Linguistik und der Psychologie insgesamt durchaus angebracht zu sein, sich den klassischen Problemen erneut zuzuwenden und zu fragen, welche neuen Einsichten gewonnen wurden, die sich auf sie beziehen, und wie die klassischen Ergebnisse für die gegenwärtige Forschung richtungsweisend sein können.

Wenn wir uns der Geschichte der Forschung und Spekulation zuwenden, welche die Natur des Geistes und, im engeren Sinn, die Natur der menschlichen Sprache betreffen, so wird unsere Aufmerksamkeit unwillkürlich auf das 17. Jahrhundert gelenkt, »das Jahrhundert der großen Denker«, in dem die Grundlagen der modernen Wissenschaft gelegt und die Probleme, die uns immer noch beunruhigen, mit bemerkenswerter Klarheit und Deutlichkeit formuliert wurden. In vieler und keineswegs oberflächlicher Hinsicht gleicht die intellektuelle Atmosphäre von heute jener Westeuropas im 17. Jahrhundert. Eine Hinsicht, und zwar eine, die im gegenwärtigen Zusammenhang besonders entscheidend ist, betrifft das sehr große Interesse an den Möglichkeiten und Kapazitäten von Automaten, ein Problem, welches das Denken des 17. Jahrhunderts ebensosehr beschäftigte, wie es das unsere beschäftigt. Ich erwähnte zuvor, daß sich langsam die Erkenntnis durchzusetzen beginnt, daß ein deutlicher Riß – genauer, eine gähnende Kluft – zwischen dem Begriffssystem einerseits, von dem wir eine ziemlich genaue Vorstellung haben, und der Natur des menschlichen Verstandes andererseits besteht. Eine ähnliche Erkenntnis liegt der cartesianischen Philosophie zugrunde. Bereits zu Beginn seiner Überlegungen kommt Descartes ebenfalls zu dem Schluß, daß wir uns bei der Untersuchung des Geistes mit einem Problem konfrontiert sehen, das die Art der Komplexität und nicht nur den Grad der Komplexität betrifft. Er glaubte gezeigt zu haben, daß Erkenntnis und Wille, die beiden fundamentalen Eigenschaften des menschlichen Geistes, Fähigkeiten und Prinzipien involvieren, über die auch die komplexesten Automaten nicht verfügen können.

Besonders interessant ist es dabei, die Entwicklung dieses Arguments in den Werken der weniger bedeutenden und heute gänzlich vergessenen cartesianischen Philosophen zu verfolgen, so etwa bei Cordemoy, der eine faszinierende Abhandlung schrieb, in der er Descartes' wenige Bemerkungen über die Sprache ausbaute, oder bei La Forge, der einen ausführlichen und detaillierten *Traité de l'esprit de l'homme* verfaßte, mit dem, wie er mit einigem Recht erklärte, vorgetragen werden sollte, was Descartes zu diesem Thema gesagt hätte, wenn er noch gelebt und seine Theorie des Menschen über die Physiologie hinaus weiterentwickelt hätte. Man mag die Details dieses Arguments in Frage stellen und zeigen können, daß es durch gewisse Überreste scholastischer Doktrin belastet und entstellt war – beispielsweise durch die Lehre von Substanz und Modus. In seiner generellen Struktur ist es jedoch nicht unvernünftig; es ist in der Tat dem Argument ziemlich ähnlich, das gegen die in den frühen Nachkriegsjahren gängigen Vorstellungen, die ich zu Beginn dieser Vorlesung erwähnte, vorgebracht wurde. Die Cartesianer versuchten zu zeigen, daß die Theorie materieller Körper, selbst dann, wenn sie verschärft, präzisiert und bis zu ihren Grenzen erweitert wird, immer noch nicht in der Lage ist, eine Erklärung für jene Fakten zu liefern, die der Introspektion unmittelbar zugänglich sind und überdies durch unsere Beobachtung der Handlungen anderer Menschen bestätigt werden. Insbesondere kann sie den normalen Gebrauch der menschlichen Sprache ebensowenig erklären wie die Grundeigenschaften des Denkens. Folglich wird es notwendig, ein völlig neues Prinzip einzuführen – in cartesianischer Terminologie, eine zweite Substanz zu postulieren, deren Essenz das Denken ist, neben der des Körpers, mit seinen wesentlichen Eigenschaften der Ausdehnung und Bewegung. Dieses neue Prinzip hat einen »kreativen Aspekt«, der sich am klarsten in dem zeigt, was wir als den »kreativen Aspekt des Sprachgebrauchs« bezeichnen können, nämlich die prinzipielle menschliche Fähigkeit, neue Gedanken formulieren und völlig neue Formulierungen von Gedanken verstehen zu können, und zwar im Rahmen einer »instituierten Sprache«, einer Sprache, die als Produkt einer Kultur Gesetzen und Prinzipien unterliegt, die teilweise für sie allein gelten, teilweise aber auch generelle Eigenschaften des Geistes reflektieren. Diese Gesetze und Prinzipien können, wie hier betont wird, in einem noch so erweiterten Begriffssystem, das sich zur Verhaltensanalyse und zur Analyse der Wechselwirkung physikalischer Körper eignet, nicht formuliert und durch einen noch so komplexen Automaten nicht realisiert werden. Descartes zeigte in der Tat, daß das einzig sichere Anzeichen dafür, daß ein anderer Körper einen menschlichen Geist besitzt, daß er also nicht ein bloßer Automat ist, in seiner Fähigkeit liegt, Sprache auf eine normale Art und Weise zu gebrauchen; er zeigte weiter, daß weder bei einem Tier noch bei einem Automaten, der in anderer Hinsicht Zeichen einer augenscheinlichen Intelligenz aufweist, welche die des Menschen übertrifft, diese Fähigkeit nachgewiesen werden kann, obwohl ein solcher Organismus oder eine solche Maschine durchaus, ebenso wie ein Mensch, mit den physiologischen Organen, die zur Hervorbringung der Sprache notwendig sind, vollkommen ausgestattet sein könnte.

Ich werde auf dieses Argument und auf die Art und Weise, in der es entwickelt wurde, noch zurückkommen. Doch zunächst halte ich es für wichtig, zu betonen, daß es sich hier um ein Argument handelt, das in all seiner Lückenhaftigkeit und Unzulänglichkeit ernst genommen werden muß. Diese Folgerung ist keineswegs absurd. Es scheint mir durchaus möglich, daß es in diesem besonderen Augenblick in der Entwicklung des abendländischen Denkens eine Möglichkeit für das Zustandekommen einer Wissenschaft »Psychologie« gegeben hat, wie es sie bis heute nicht gibt; einer Psychologie, die sich zunächst die Aufgabe stellt, verschiedene Systeme menschlichen Wissens und Glaubens, ihre Organisationsweisen und die ihnen zugrunde liegenden Prinzipien zu charakterisieren, und die sich erst dann der Frage zuwendet, wie sich diese Systeme durch ein bestimmtes Zusammenwirken von angeborenen Strukturen und Wechselwirkung zwischen Organismus und Umgebung entwickelt haben könnten. Eine derartige Psychologie würde sich sehr deutlich von einer Untersuchung des menschlichen Verstandes unterscheiden, in der bereits zu Beginn, aus apriorischen Gründen, bestimmte spezifische Mechanismen postuliert werden, die, wie verlangt wird, dem Erwerb allen Wissens und Glaubens zugrunde liegen *müssen*. Es ist dieser Unterschied, auf den ich in einer der folgenden Vorlesungen zurückkommen werde. Im

Augenblick möchte ich lediglich betonen, daß der verworfene Alternativvorschlag durchaus angemessen war und, mehr noch, sich in Übereinstimmung mit dem Ansatz befand, der sich bei der Umwälzung der Physik im 17. Jahrhundert als so erfolgreich erwiesen hatte.

Man hat vielleicht unangemessenerweise methodologische Parallelen gezogen zwischen dem cartesianischen Postulat einer Substanz, deren Essenz das Denken ist, und der nach-newtonschen Annahme eines Anziehungsprinzips, eines aktiven Prinzips, das die Bewegung von Körpern lenkt, wobei Anziehung verstanden wird als eine immanente Eigenschaft der kleinsten Materieteilchen. Vielleicht lag der weitreichendste Beitrag der cartesianischen Philosophie zum modernen Denken in ihrer Ablehnung der scholastischen Begriffe der substantiellen Formen und der realen Qualitäten, all der »kleinen Gebilde, die durch die Luft flattern«, wie sie Descartes spöttisch beschreibt. Mit der Austreibung dieser verborgenen Qualitäten war der Weg frei für den Aufstieg einer Physik der bewegten Materie und einer Psychologie, welche die Eigenschaften des Geistes untersuchte. Newton zeigte jedoch, daß Descartes' Mechanik nicht funktionieren würde – das zweite Buch der *Principia* ist größtenteils diesem Beweis gewidmet – und daß es notwendig sei, eine neue Kraft zu postulieren, um die Bewegung von Körpern erklären zu können. Das Postulat einer Anziehungskraft, die auf Entfernung wirkt, war unvereinbar mit den klaren und deutlichen Vorstellungen des »gesunden Verstandes« und konnte von einem orthodoxen Cartesianer nicht toleriert werden – solch eine Kraft galt ausschließlich als eine weitere verborgene Qualität. Newton stimmte durchaus zu und versuchte mehrfach, eine mechanische Erklärung für die Ursache der Gravitation zu finden. Er verwarf die Ansicht, daß Gravitation »der Materie eigen und inhärent« sei, und hielt demgegenüber daran fest, daß »man uns nichts sagt, wenn man uns sagt, jedes Ding sei mit einer verborgenen spezifischen Eigenschaft (wie etwa der Gravitation) ausgestattet, kraft derer es funktioniert und manifeste Wirkungen verursacht«. Einige

Wissenschaftshistoriker haben angenommen, daß Newton hoffte, gleich Descartes *Prinzipien der Philosophie* zu schreiben, daß jedoch seine Schwierigkeiten, die Ursache der Gravitation auf mechanischem Wege zu erklären, ihn dazu nötigten, sich auf *Mathematische Prinzipien der Naturphilosophie* zu beschränken. So schien die Physik dem *common sense* Newtons wie dem der Cartesianer noch nicht adäquat begründet zu sein, da sie eine mystische Kraft postulierte, die der Fernwirkung fähig war. Auf eine ähnliche Weise war Descartes' Postulat, den Geist als ein explanatives Prinzip zu verstehen, für das Denken und Fühlen eines Empiristen unannehmbar. Der erstaunliche Erfolg der mathematischen Physik trug jedoch den Sieg über diese *common sense*-Einwände davon; auch genoß die neue Physik ein so hohes Ansehen, daß die spekulative Psychologie der Aufklärung es für unerläßlich hielt, das newtonsche System zu adaptieren, nicht aber in Analogie zu diesem System zu arbeiten – zwei sehr verschiedene Dinge. Die verborgene Kraft der Gravitation wurde als offensichtlicher Bestandteil der physikalischen Welt, der keine Erklärung verlangt, hingenommen, und es wurde unvorstellbar, daß man gänzlich neue Funktions- und Organisationsprinzipien außerhalb dessen, was bald zum neuen »*common sense*« wurde, zu postulieren hätte. Zum Teil aus diesem Grund wurde die Ausarbeitung einer analogen, wissenschaftlichen Psychologie, welche die Prinzipien des Geistes, was immer diese auch sein mögen, zu untersuchen hätte, nicht mit der Gründlichkeit durchgeführt, die damals wie heute möglich gewesen wäre.

Ich will nicht übersehen, daß ein fundamentaler Unterschied zwischen dem Gravitationspostulat und der Postulierung einer *res cogitans* besteht, besonders hinsichtlich der ungeheuren Disparität in der Kraft der explanativen Theorien, die entwickelt wurden. Trotzdem halte ich es für instruktiv, darauf hinzuweisen, daß die Gründe, aus denen Newton, Leibniz und die orthodoxen Cartesianer mit der neuen Physik unzufrieden waren, den Gründen ausgesprochen ähneln, aus denen eine dualistische, rationalistische Psychologie früh auf Ablehnung stieß.

Ich glaube, es ist richtig, wenn man sagt, daß die Untersuchung der Eigenschaften und der Organisation des Bewußtseins vorschnell preisgegeben wurde, aus zum Teil vollkommen falschen Gründen, und ferner, wenn man darauf hinweist, daß eine gewisse Ironie in der gängigen Ansicht liegt, diese Preisgabe resultiere aus der allmählichen Verbreitung einer insgesamt »wissenschaftlicheren« Haltung.

Ich habe versucht, auf einige Ähnlichkeiten aufmerksam zu machen, die zwischen der intellektuellen Atmosphäre des 17. Jahrhunderts und der von heute bestehen. Es ist, wie ich glaube, erhellend, den genauen Gang der Entwicklung der linguistischen Theorie während der Neuzeit im Kontext einer Untersuchung des Bewußtseins und des Verhaltens insgesamt etwas ausführlicher zu verfolgen.[1]

Einen guten Ansatzpunkt bieten die Schriften des spanischen Arztes Juan Huarte, der gegen Ende des 16. Jahrhunderts eine vielfach übersetzte Studie über die Natur des menschlichen Verstandes veröffentlichte. Im Verlauf seiner Untersuchungen fiel es Huarte auf, daß das Wort für »Verstand«, *ingenio*, dieselbe lateinische Wurzel zu haben scheint wie verschiedene Wörter mit der Bedeutung »hervorbringen« oder »erzeugen«. Das erschließt uns, wie er ausführt, die Natur des Geistes. So »kann man zwei generative Kräfte beim Menschen feststellen, über deren eine er mit den Tieren und Pflanzen gemeinsam verfügt, und deren andere an spiritueller Substanz teilhat. Verstand (ingenio) ist eine generative Kraft. Das Verstehen ist eine generative Fähigkeit.« Huartes Etymologie ist nicht gerade sehr gut; seine Einsicht ist jedoch recht bedeutend.

Sodann unterscheidet Huarte drei Ebenen des Verstandes. Die niedrigste Ebene ist die des »gelehrigen Verstandes«, der jenem Grundsatz genügt, dessen Formulierung er zusammen mit Leibniz und vielen anderen fälschlicherweise Aristoteles zuschreibt, dem Grundsatz nämlich, daß im Geist nichts außer dem vor-

---

[1] Zusätzliche Einzelheiten und Bemerkungen finden sich in meiner Arbeit *Cartesian Linguistics* (New York: Harper & Row, 1966), vgl. ferner die dort aufgeführte Literatur.

handen ist, was ihm durch Sinneswahrnehmungen gegeben wird. Die nächsthöhere Ebene, jene des normalen menschlichen Verstandes, geht deutlich über diese empiristische Grenzziehung hinaus: er ist fähig, »in sich selbst, aus eigener Kraft, die Prinzipien hervorzubringen, auf denen Wissen beruht.« Der Verstand normaler Menschen ist so beschaffen, daß »sie, wenn sie eine Anregung nur durch ihren jeweiligen Gegenstand erhalten und keine fremde Hilfe erfahren, tausende von Einfällen hervorbringen können, von denen sie nie zuvor gehört haben ... indem sie Dinge erfinden und sagen, wie sie sie weder von ihren Lehrern noch von irgendwelchen anderen jemals gehört haben«. So ist der normale menschliche Verstand in der Lage, aus eigenen internen Quellen Kenntnisse zu erwerben, wobei vielleicht von Sinnesdaten Gebrauch gemacht wird, darüber hinaus jedoch ein kognitives System vermittels Begriffen und Prinzipien aufgebaut wird, die auf voneinander unabhängigen Gebieten entwickelt werden; er ist weiterhin in der Lage, neue Gedanken hervorzubringen und für diese Gedanken neue und angemessene Ausdrucksformen auf eine Art und Weise zu entwikkeln, die jedes Training und jede Erfahrung gänzlich übersteigt.
Huarte postuliert eine dritte Art des Verstandes, »kraft derer einige Menschen, ohne besondere Fertigkeit oder Übung, derart scharfsinnige und überraschende, jedoch wahre Dinge aussprechen, die nie zuvor gesehen, gehört oder geschrieben, ja noch nicht einmal gedacht worden sind«. Gemeint ist hier die echte Kreativität, eine solche Ausübung der kreativen Vorstellungskraft, die den normalen Verstand übersteigt und die, wie er meint, »eine Mischung von Wahnsinn« einschließen kann.
Huarte ist der Ansicht, daß die Unterscheidung zwischen gelehrigem Verstand, welcher dem empiristischen Grundsatz genügt, und normalem Verstand, einschließlich seiner vollen generativen Kapazität, der Unterscheidung zwischen Tier und Mensch entspricht. Als Arzt interessierte sich Huarte sehr für Pathologie. Insbesondere bemerkt er, daß das schwerwiegendste Versagen des Verstandes, das einen Menschen treffen kann, in

der Restriktion auf die niedrigste der drei Ebenen liegt, also auf den gelehrigen Verstand, der empiristischen Prinzipien entspricht. Dieses Versagen, so sagt Huarte, »ähnelt dem von Eunuchen, die unfähig zur Zeugung sind«. Unter diesen betrüblichen Umständen, unter denen der Verstand lediglich von den Sinnen übertragene Stimuli verarbeiten und miteinander assoziieren kann, ist echte Erziehung natürlich unmöglich, da jene Begriffe und Prinzipien fehlen, welche die Entwicklung von Wissen und Verstehen ermöglichen. So können in diesem Fall »weder der Rutenhieb, noch Schelte, noch Methoden, noch Beispiele, noch Zeit, noch Erfahrung, noch überhaupt irgend etwas in der Natur ihn zur Genüge anregen, um irgend etwas hervorzubringen«.

Das von Huarte entwickelte System ist für die Erörterung der »psychologischen Theorie« des darauffolgenden Zeitabschnitts brauchbar. Typisch für das spätere Denken ist die Reflexion auf den Gebrauch der Sprache als ein Zeichen menschlicher Intelligenz, auf das, was den Menschen vom Tier unterscheidet, und insbesondere die Betonung der kreativen Kapazität des normalen Verstandes. Diese Themen beherrschen die rationalistische Psychologie und Linguistik. Mit dem Aufstieg der Romantik wandte sich die Aufmerksamkeit dem dritten Typ des Verstandes, der echten Kreativität, zu, wenn auch die rationalistische Grundannahme, daß einzig und allein der normale menschliche Verstand frei und kreativ sei und jenseits der Grenzen mechanischer Erklärung liege, nicht aufgegeben wurde und eine entscheidende Rolle in der Psychologie und sogar in der Sozialphilosophie der Romantik spielte.

Wie ich bereits erwähnte, entwickelte sich die rationalistische Sprachtheorie, die sich als ausgesprochen reich an Einsichten und Leistungen erweisen sollte, zum Teil aus dem Interesse an dem Problem des Bewußtseins anderer Wesen. Es wurden erhebliche Anstrengungen unternommen, um eine Erklärung für die Fähigkeit von Tieren zu finden, gesprochenen Befehlen gehorchen, emotionale Zustände ausdrücken, miteinander kommunizieren und offenbar sogar auf ein gemeinsames Ziel hin zusammenarbeiten zu können; all dies, so hieß es, könne mittels der »Mechanik« – im damaligen Verständnis dieses Begriffes – erklärt werden, das heißt durch das Funktionieren physiologischer Mechanismen, relativ zu denen sich die Eigenschaften von Reflexen, der Konditionierung und des *reinforcement* (Verstärkung), der Assoziation und so weiter formulieren ließen. Den Tieren fehlten weder geeignete Organe zur Kommunikation, noch stünden sie einfach tiefer auf irgendeiner Skala der »allgemeinen Intelligenz«.

Tatsächlich ist die Sprache, wie Descartes selbst sehr richtig feststellte, ein artspezifischer menschlicher Besitz, und noch bei niedrigsten Intelligenzgraden, bei pathologischen Fällen, stellen wir eine Sprachbeherrschung fest, die ein Affe überhaupt nicht erreichen kann, der in anderer Hinsicht, in seiner Fähigkeit, Probleme zu lösen, und in anderem adaptiven Verhalten, einem menschlichen Schwachsinnigen überlegen sein mag. Ich werde später, im Zusammenhang mit dem, was heute über tierische Kommunikation bekannt ist, auf den Wert dieser Beobachtung zurückkommen. Ein grundlegendes Element, so führt Descartes aus, fehlt den Tieren wie auch dem noch so komplexen Automaten, der seine »intellektuellen Strukturen« ausschließlich vermittels Konditionierung und Assoziation entwickelt, – nämlich Huartes zweiter Typ des Verstandes, die generative Fähigkeit, die sich in dem normalen menschlichen Gebrauch der Sprache als ein frei verfügbares Instrument des Denkens zeigt. Wenn wir uns durch Experimente davon überzeugen, daß ein anderer Organismus den normalen, kreativen Gebrauch der Sprache aufweist, sind wir zu der Annahme genötigt, daß er ebenso wie wir einen Geist besitzt und daß das, was er tut, jenseits der Grenzen mechanischer Erklärung liegt, außerhalb der Reichweite der Stimulus-Response-Psychologie jener Zeit, die sich in ihren relevanten Grundzügen nicht wesentlich von der heutigen unterscheidet, wenn ihr auch die Präzision der Methoden und die Breite und Zuverlässigkeit der Kenntnisse fehlt.

Man sollte, nebenbei bemerkt, nicht meinen, daß die einzigen cartesianischen Argumente für die Tier-Maschinen-Hypothese diejenigen waren, die aus der offensichtlichen Unfähigkeit der Tiere hergeleitet wurden, den kreativen Aspekt des Sprachgebrauchs zu manifestieren. Es gab daneben viele andere – zum Beispiel die natürliche Furcht vor einer Bevölkerungsexplosion in himmlischen Gefilden, wenn jede Mücke eine Seele hätte; oder das Argument des Kardinals Melchior de Polignac, der ausführte, daß die Tier-Maschinen-Hypothese aus der Annahme der Güte Gottes folge, da man, wie er sagte, sehen könne, »wieviel barmherziger die Lehre ist, daß Tiere keine Schmerzen erleiden«[2]; oder das Argument Louis Racines, des Sohnes des Dramatikers, der von folgender Einsicht ereilt wurde: »Wenn Tiere Seelen hätten und zu Gefühlen fähig wären, hätten sie sich dann gegenüber diesem Angriff und der Ungerechtigkeit, die ihnen durch Descartes zugefügt wurde, gleichgültig gezeigt? Hätten sie sich nicht vielmehr im Zorn gegen den Führer und die Partei, die sie so erniedrigt hat, erhoben?« Man sollte, wie ich meine, hinzufügen, daß Louis Racine von seinen Zeitgenossen als das lebendige Beispiel dafür angesehen wurde, daß ein hochbegabter Vater keinen hochbegabten Sohn haben könne. Doch Tatsache bleibt, daß die Diskussion über die Existenz des Bewußtseins anderer Wesen und, im Gegensatz dazu, die mechanische Natur der Tiere kontinuierlich auf den kreativen Aspekt des Sprachgebrauchs zurückkam, mit dem Ergebnis, daß – wie es von einem anderen unbedeutenderen Repräsentanten des 17. Jahrhunderts formuliert wurde – »Tiere, wenn sie vernünftig wären, echter Sprache in ihrer unendlichen Vielfalt fähig wären«.

Es ist wichtig zu verstehen, welche Eigenschaften der Sprache es genau waren, die Descartes und seinen Nachfolgern als die relevantesten erschienen. Die Diskussion dessen, was ich den »kreativen Aspekt des Sprachgebrauchs« genannt habe, dreht

---

2 Diese Beispiele sind der ausgezeichneten Arbeit von Leonora Cohen Rosenfield, *From Beast-Machine to Man-Machine* (New York: Oxford University Press, 1941) entnommen. Die Zitate sind ihre Paraphrasen des Originals.

sich um drei wichtige Beobachtungen. Die erste ist, daß der normale Gebrauch der Sprache in dem Sinne produktiv ist, daß vieles von dem, was wir bei normalem Sprachgebrauch sagen, gänzlich neu ist, daß es sich nicht um eine Wiederholung von irgend etwas handelt, das wir zuvor gehört haben, und daß es noch nicht einmal Sätzen oder Texten, die wir in der Vergangenheit gehört haben, im *pattern* ähnlich ist – in irgendeiner sinnvollen Verwendung der Begriffe ›pattern‹ und ›ähnlich‹. Das ist eine Binsenwahrheit, allerdings eine entscheidende, die häufig übersehen wird, und die in der behavioristischen Phase der Linguistik, die ich oben geschildert habe, nicht selten geleugnet wurde, da man fast gemeinhin annahm, daß die Sprachkenntnis eines Menschen als eine gespeicherte Menge von *patterns* repräsentiert wird, erlernt durch ständige Wiederholung und eingehendes Training, wobei Neuerungen allenfalls eine Sache von »Analogien« seien. Tatsache ist demgegenüber jedoch sicherlich, daß die Zahl der Sätze, die man in seiner Muttersprache unverzüglich, ohne Schwierigkeiten oder Befremden zu empfinden, verstehen wird, astronomisch hoch ist; und daß die Zahl der *patterns,* die unserem normalen Sprachgebrauch zugrunde liegen und sinnvollen und leicht verständlichen Sätzen in unserer Sprache korrespondieren, in der Größenordnung weit höher liegt als die Anzahl der Sekunden während einer Lebensdauer. Genau in diesem Sinne ist der normale Sprachgebrauch produktiv.

Aus cartesianischer Sicht ist jedoch auch das animalische Verhalten potentiell unendlich in seiner Vielfalt, und zwar in dem speziellen Sinne, in dem von den Werten eines Tachometers, mit der notwendigen Idealisierung, gesagt werden kann, sie seien potentiell unendlich in ihrer Vielfalt. Das heißt: wenn animalisches Verhalten durch äußere Stimuli oder innere Zustände (letztere schließen solche ein, die durch Konditionierung aufgebaut wurden) geregelt wird, dann kann, so wie die Stimuli in einem unendlichen Bereich variieren, das Verhalten des Tieres ebenso variieren. Der normale Sprachgebrauch ist jedoch nicht nur produktiv und potentiell unendlich in seiner

Reichweite, sondern auch frei von einer Regelung durch feststellbare Stimuli, seien diese äußere oder innere. Und nur weil sie frei von einer Regelung durch Stimuli ist, kann die Sprache nicht nur außerordentlich begabten, sondern tatsächlich allen normalen Menschen als ein Instrument des Denkens und des eigenen Ausdrucks dienen.

Doch die Eigenschaft, unabhängig und frei von einer Regelung durch Stimuli zu sein, überschreitet als solche noch nicht die Grenzen einer mechanischen Erklärung. Und daher berücksichtigten die Cartesianer in ihrer Erörterung der Grenzen mechanischer Erklärung eine dritte Eigenschaft des normalen Sprachgebrauchs, nämlich seine Kohärenz und seine »Situationsangemessenheit« – was natürlich von einer Regelung durch externe Stimuli völlig verschieden ist. Worin nun diese »Angemessenheit« und »Kohärenz« genau bestehen, das können wir weder klar noch definitiv sagen, doch es gibt keinen Zweifel darüber, daß diese Begriffe sinnvoll sind. Wir können den normalen Sprachgebrauch von dem wirren Gerede eines Wahnsinnigen ebenso unterscheiden wie von dem Output eines Computers mit einem Zufallselement.

Die Ehrlichkeit zwingt uns jedoch zuzugeben, daß wir heute noch ebensoweit wie Descartes vor dreihundert Jahren davon entfernt sind, zu verstehen, was einen Menschen befähigt, auf eine Art und Weise zu sprechen, die produktiv, frei von einer Regelung durch Stimuli und zugleich kohärent und angemessen ist. Es ist dies ein ernstes Problem, das letztlich der Psychologe und Biologe in Angriff nehmen müssen und das nicht durch eine Beschwörung von »Habit« oder »Konditionierung« oder »natürliche Selektion« hinwegdiskutiert werden kann.

Die cartesianische Analyse des Problems des Bewußtseins anderer Wesen, im Rekurs auf den kreativen Aspekt des Sprachgebrauchs und unter ähnlichen Hinweisen auf die Grenzen mechanischer Erklärung, war für die Meinung der Zeitgenossen nicht völlig befriedigend – beispielsweise wird in Bayles *Dictionnaire* die Unfähigkeit, einen zufriedenstellenden Beweis für die Existenz des Bewußtseins anderer Wesen zu geben, als schwächster Punkt der cartesianischen Philosophie hervorgehoben – und es gab eine lange und unerquickliche Reihe von Diskussionen und Polemiken, welche die von Descartes aufgeworfenen Probleme betrafen. Aus unserer Sicht, über mehrere Jahrhunderte hinweg, können wir feststellen, daß diese Auseinandersetzung unergiebig blieb. Die Eigenschaften des menschlichen Denkens und der menschlichen Sprache, die von den Cartesianern herausgestellt wurden, besitzen Realität genug; und sie liegen – damals wie heute – jenseits der Grenzen irgendeiner wohlverstandenen Art physikalischer Erklärung. Weder die Physik noch die Biologie noch die Psychologie gibt uns irgendeinen Anhaltspunkt dafür, wie diese Dinge zu behandeln sind.

Wie auch im Fall anderer schwer faßbarer Probleme liegt die Versuchung nahe, hier einen anderen Zugang zu suchen, und zwar einen solchen, der zeigen könnte, daß das Problem falsch verstanden wurde, daß es lediglich das Resultat einer begrifflichen Konfusion war. Dies ist eine Beweisführung, wie sie in der gegenwärtigen Philosophie unternommen wird, jedoch, wie mir scheint, ohne Erfolg. Sicher ist, daß die Cartesianer, ebensogut wie Gilbert Ryle und andere heutige Kritiker, den Unterschied zwischen einer Formulierung von Kriterien für intelligentes Verhalten auf der einen Seite und der Formulierung einer Erklärung für die Möglichkeit eines solchen Verhaltens auf der anderen Seite durchaus gesehen hatten; doch im Unterschied zu Ryle interessierten sie sich für das letztere Problem ebensosehr wie für das erstere. Als Wissenschaftler gaben sie sich nicht mit der Durchführung experimenteller Tests zufrieden, die das Verhalten eines anderen Organismus als – in dem oben gekennzeichneten speziellen Sinne – kreativ erweisen würden; sie waren ebenso, und durchaus zu Recht, von der Tatsache beunruhigt, daß die anhand solcher Tests und Beobachtungskriterien aufgedeckten Fähigkeiten die Kapazitäten materieller Körper, so wie sie diese verstanden, überschritten, genauso wie sie auch außerhalb der Reichweite einer physikalischen Erklärung, so wie wir sie heute verstehen, liegen. Es gibt sicher nichts Illegitimes an dem Versuch, über die Durchführung observationeller Tests und die Ansammlung von Daten hinaus zu der Konstruktion einer theoretischen Erklärung dessen zu gelangen, was beobachtet wurde; und genau das war es, um das es bei der cartesianischen Auseinandersetzung mit dem Problem des Geistes ging. Wie La Forge und andere hervorhoben, ist es notwendig, über das hinauszugehen, was man wahrnehmen oder sich (im technischen, klassischen Sinn des Wortes) »vorstellen« kann, wenn man hoffen will, die Natur des »Esprit de l'homme« zu verstehen, wie es auch Newton – mit Erfolg – tat, als er die Natur der Planetenbewegung zu verstehen versuchte. Auf der anderen Seite waren die Vorschläge der Cartesianer jedoch nicht substantiell genug; die fraglichen Phänomene werden nicht hinreichend dadurch erklärt, daß man sie einem »aktiven Prinzip«, »Geist« genannt, zuschreibt, dessen Eigenschaften in keinerlei kohärenter oder umfassender Art und Weise dargelegt sind.

Es scheint mir, daß der aussichtsreichste Ansatz heute darin besteht, die Phänomene der Sprache und der mentalen Aktivität so genau wie möglich zu beschreiben und zu versuchen, ein abstraktes theoretisches Modell zu entwickeln, das soweit wie möglich diese Phänomene erklärt und die Prinzipien ihrer Organisation und Funktionsweise aufdeckt, ohne dabei – zumindest zum gegenwärtigen Zeitpunkt – den Versuch zu machen, die postulierten mentalen Strukturen und Prozesse in Relation zu irgendwelchen physiologischen Mechanismen zu setzen oder die mentale Funktion im Rekurs auf »physikalische Ursachen« zu interpretieren. Wir können vielmehr nur für die Zukunft die Frage offenlassen, wie diese abstrakten Prozesse und Strukturen zu erkennen oder in konkreten Begriffen zu erklären sind, wobei es denkbar ist, daß diese Begriffe nicht dem Bereich physikalischer Prozesse, wie man ihn heute versteht, angehören. Diese Schlußfolgerung sollte, falls sie zutrifft, niemanden überraschen.

Die rationalistische Philosophie der Sprache verband sich im 17. Jahrhundert mit verschiedenen anderen voneinander unabhängigen Entwicklungen und führte so zu der ersten wirklich signifikanten generellen Theorie der Sprachstruktur, nämlich dem allgemeinen Konzept, das als »philosophische« oder »universale« Grammatik bekannt geworden ist. Leider weiß man von der philosophischen Grammatik heutzutage äußerst wenig. Es gibt wenige sachgerechte oder gründliche Arbeiten, und diese wenigen sind apologetisch oder abwertend. Hinweise auf die philosophische Grammatik, die sich in modernen Abhandlungen über die Sprache finden, sind so verzerrt, daß sie geradezu wertlos sind. Sogar ein Gelehrter von so hohem Rang wie Leonard Bloomfield gibt in seinem Hauptwerk *Language* eine Darstellung der philosophischen Grammatik, die fast keinerlei Ähnlichkeit mit dem Original aufweist, und unterstellt dieser Tradition Ansichten, die denen, die für sie am charakteristischsten sind, diametral entgegenstehen. Zum Beispiel behandeln Bloomfield und viele andere die philosophische Grammatik so, als basiere sie auf dem Modell der lateinischen Grammatik, als sei sie präskriptiv, als zeige sie kein Interesse an den Sprechlauten, als neige sie zu einer Vermischung von Gesprochenem und Geschriebenem. All diese Vorwürfe sind falsch, und es ist wichtig, diese Mythen zu zerstören, um eine objektive Bewertung dessen, was tatsächlich geleistet wurde, möglich zu machen.

Es läge eine besondere Ironie darin, die philosophische Grammatik einer Vorliebe für das Lateinische zu bezichtigen. Es ist demgegenüber in der Tat bezeichnend, daß die Originale – gerade die *Grammatik* und *Logik* von Port-Royal – auf Französisch verfaßt wurden, und zwar aus dem Grunde, weil sie einen Teil der Bewegung darstellten, das Lateinische durch die Volkssprache zu ersetzen. Tatsache ist, daß das Lateinische als eine künstliche und entstellte Sprache betrachtet wurde, als eine Sprache, die sich eindeutig nachteilig auf die Praxis des klaren Denkens und die *common sense*-Sprechweise auswirke, welche die Cartesianer so hoch einschätzten. Die Vertreter der philosophischen Grammatik verwandten genau das Sprachmaterial, das ihnen unmittelbar zur Verfügung stand; es ist bemerkenswert, daß einige der Themen, die mit der größten Sorgfalt und Beharrlichkeit mehr als ein Jahrhundert lang behandelt wurden, grammatische Probleme einschlossen, die nicht einmal eine Analogie zum Lateinischen aufwiesen. Ein bezeichnendes Beispiel ist die sogenannte Regel von Vaugelas, welche die Relation zwischen unbestimmten Artikeln und Relativsätzen im Französischen betrifft. Für ungefähr hundertfünfzig Jahre war diese Regel von Vaugelas ein zentraler Gegenstand der Kontroverse über die Möglichkeit, eine »rationale Grammatik« zu entwickeln, eine Grammatik, die, über die bloße Beschreibung hinaus, eine rationale Erklärung der Phänomene ermöglichen sollte.

Es ist zweifellos ein vollkommenes Mißverständnis des Problems rationaler Erklärungen, das zu dem Vorwurf des »Präskriptivismus« führt, der, völlig zu Unrecht, gegen die philosophische Grammatik vorgebracht wird. Tatsächlich kann von einem Präskriptivismus keine Rede sein. Man wußte sehr wohl und hob oft genug hervor, daß die Gegegenbeiten des Sprachgebrauchs so sind, wie sie eben sind, und daß es nicht die Aufgabe des Grammatikers ist, hier Regeln vorzuschreiben. Es ging um etwas völlig anderes, nämlich um das Problem, diesen Gegebenheiten des Sprachgebrauchs auf der Basis explanativer Hypothesen über die Natur der Sprache und, letztlich, die Natur des menschlichen Denkens Rechnung zu tragen. Die philosophischen Grammatiker hatten wenig Interesse an der Anhäufung von Daten, es sei denn, daß solche Daten geeignet waren, tiefere Prozesse von großer Allgemeinheit evident zu machen. Es geht also nicht um den Gegensatz zwischen deskriptiver und präskriptiver Grammatik, sondern um den zwischen Beschreibung und Erklärung, zwischen der Grammatik als »Naturgeschichte« und der Grammatik als einer Art von »Naturphilosophie« oder, in moderner Terminologie, »Naturwissenschaft«. Größtenteils irrationale Einwände gegen explanative Theorien als solche haben es der modernen Linguistik schwer gemacht, richtig einzuschätzen, um was es bei diesen Entwicklungen tatsächlich ging, und führten dazu, eine philo-

sophische Grammatik mit dem Versuch zu verwechseln, einer aufkommenden Mittelklasse bessere Manieren beizubringen.
Dies alles ist nicht uninteressant. Ich erwähnte zuvor, daß zwischen den im 17. Jahrhundert gängigen und den in der gegenwärtigen kognitiven Psychologie und Linguistik üblichen Ansichten auffällige Ähnlichkeiten bestehen. Ein Aspekt dieser Ähnlichkeiten betrifft genau diese Problematik explanativer Theorien. Die philosophische Grammatik, hierin der derzeitigen generativen Grammatik sehr ähnlich, entwickelte sich in zaghafter Opposition zu einer deskriptiven Tradition, welche die Aufgabe des Grammatikers ausschließlich in der Sammlung und Organisation der Daten des Sprachgebrauchs sah – also in einer Art von Naturgeschichte. Man war der Ansicht – durchaus zu Recht, wie ich meine –, daß eine derartige Restriktion lähmend wirke und unnötig sei und daß sie, welche Rechtfertigung auch immer man bereithalten würde, nichts mit der Methode der Wissenschaft gemein habe, – die sich bezeichnenderweise nicht mit den Daten um ihrer selbst willen befaßt, sondern diese als Beweise für tieferliegende, verborgene Organisationsprinzipien nimmt, die weder »in den Phänomenen« entdeckt noch durch taxonomische, datenverarbeitende Operationen aus ihnen abgeleitet werden können, ebensowenig wie die Prinzipien der Himmelsmechanik unter solchen Restriktionen je hätten entwickelt werden können.
Die gegenwärtige Forschung ist nicht in der Lage, eine definitive Beurteilung der Leistungen der philosophischen Grammatik zu liefern. Die Basis für eine solche Beurteilung ist noch nicht gegeben; die Originale selbst sind nahezu unbekannt, viele sind nicht einmal greifbar. Zum Beispiel gelang es mir nicht, in den Vereinigten Staaten auch nur ein Exemplar der einzigen kritischen Ausgabe der *Grammatik* von Port-Royal ausfindig zu machen, die vor mehr als einem Jahrhundert verlegt wurde; und während das französische Original nun wieder erhältlich ist[3], ist die einzige englische Übersetzung dieses bedeutenden Werkes offensichtlich nur im Britischen Museum

3 Menston, England: Scolar Press Limited, 1967.

vorhanden. Es ist ein Jammer, daß dieses Werk so gänzlich vernachlässigt wurde, denn bereits das wenige, das darüber bekannt ist, ist sehr interessant und durchaus erhellend.

Dies ist nicht der Ort, eine vorläufige Beurteilung dieses Werkes zu versuchen oder auch nur seine wichtigsten Grundzüge so zu skizzieren, wie sie sich auf der Basis der gegenwärtigen, recht unzulänglichen Kenntnisse darstellen. Trotzdem will ich wenigstens einige der kontinuierlich behandelten Themen erwähnen. Eine der Neuerungen in der Port-Royal-*Grammatik* von 1660 – dem Werk, das die Tradition der philosophischen Grammatik einleitete – scheint darin zu bestehen, daß der Begriff der Phrase als einer grammatischen Einheit in seiner Wichtigkeit erkannt wurde. Frühere Grammatiken waren weitgehend Grammatiken der Wortklassen und Flexionen gewesen. In der cartesianischen Theorie von Port-Royal korrespondiert eine Phrase einer komplexen Vorstellung, und ein Satz wird in konsekutive Phrasen zerlegt, die wieder in Phrasen zerlegt werden, und so weiter, bis die Wortebene erreicht ist. Auf diese Art und Weise leiten wir das ab, was man die »Oberflächenstruktur« des betreffenden Satzes nennen könnte. Um einen zum Standardbeispiel gewordenen Satz aufzuführen: der Satz »Der unsichtbare Gott erschuf die sichtbare Welt« enthält das Subjekt »der unsichtbare Gott« und das Prädikat »erschuf die sichtbare Welt«, das letztere enthält die komplexe Vorstellung »die sichtbare Welt« und das Verb »erschuf«, und so weiter. Doch es ist interessant, daß die Port-Royal-*Grammatik*, obwohl sie offensichtlich die erste ist, die sich auf eine ziemlich systematische Art und Weise auf eine Analyse der Oberflächenstruktur stützt, auch die Inadäquatheit einer solchen Analyse feststellte. Entsprechend der Port-Royal-Theorie korrespondiert die Oberflächenstruktur lediglich den Lauten – dem materiellen Aspekt der Sprache; wenn jedoch das Signal, mit seiner Oberflächenstruktur, produziert wird, so erfolgt eine korrespondierende mentale Analyse in das, was wir die Tiefenstruktur nennen können, eine formale Struktur, die nicht direkt auf die Laute, sondern auf die Bedeutung bezogen ist. In dem soeben gegebenen Beispiel besteht die Tiefenstruktur aus einem System von drei Propositionen, »daß Gott unsichtbar ist«, »daß er die Welt erschuf«, »daß die Welt sichtbar ist«. Diese Propositionen, die bei der Formation der Tiefenstruktur in einer Wechselbeziehung stehen, werden natürlich nicht behauptet, wenn der Satz als Aussage gebraucht wird; wenn ich sage, daß ein weiser Mensch ehrlich ist, so behaupte ich nicht, daß die Menschen weise oder ehrlich sind, obwohl entsprechend der Port-Royal-Theorie die Propositionen »ein Mensch ist weise« und »ein Mensch ist ehrlich« in die Tiefenstruktur eingehen. Genauer gesagt: sie gehen in die komplexen Vorstellungen ein, die dem Geist präsent sind, obwohl sie selten in dem Signal artikuliert werden, wenn der Satz ausgesprochen wird.

Die Tiefenstruktur wird durch gewisse mentale Operationen – in moderner Terminologie, durch grammatische Transformationen – zur Oberflächenstruktur in Relation gesetzt. Jede Sprache kann als eine besondere Relation zwischen Laut und Bedeutung angesehen werden. Zieht man aus der Port-Royal-Theorie die logischen Konsequenzen, so muß die Grammatik einer Sprache ein System von Regeln enthalten, das die Tiefen- und Oberflächenstrukturen und die transformationellen Relationen zwischen ihnen charakterisiert, und wenn es dem kreativen Aspekt des Sprachgebrauchs genügen soll, leistet es dieses für einen unendlichen Bereich von gekoppelten Tiefen- und Oberflächenstrukturen. Um die von Wilhelm von Humboldt in den Jahren um 1830 entwickelte Terminologie zu gebrauchen: der Sprecher macht unendlichen Gebrauch von endlichen Mitteln. So muß seine Grammatik ein endliches System von Regeln enthalten, das unendlich viele und in geeigneter Weise aufeinander bezogene Tiefen- und Oberflächenstrukturen generiert. Sie muß weiterhin Regeln enthalten, die diese abstrakten Strukturen zu gewissen Laut- und Bedeutungsrepräsentationen in Beziehung setzen – Repräsentationen, die vermutlich aus Elementen bestehen, die in den Bereich einer universalen Phonetik bzw. Semantik fallen. Im wesentlichen ist dies das Konzept von grammatischer Struktur, wie es heute entwickelt und ausgearbeitet wird. Seine Wurzeln sind eindeutig in der klassischen Tradition zu finden, die ich gerade erörtere, und in dieser Periode wurden mit gewissem Erfolg die Grundbegriffe entwickelt.

Die Theorie der Tiefen- und Oberflächenstruktur scheint einsichtig genug, zumindest in ihren groben Zügen. Gleichwohl unterschied sie sich erheblich von allem, was ihr voranging, und noch überraschender ist, daß sie verschwand, fast ohne Spuren zu hinterlassen, als sich die moderne Linguistik gegen Ende des 19. Jahrhunderts entwickelte. Ich möchte nun noch ein Wort über das Verhältnis sagen, in dem die Theorie der Tiefen- und Oberflächenstruktur zu früheren und späteren Ansichten über die Sprache steht.

Zwischen der Theorie der Tiefen- und Oberflächenstruktur und einer bedeutend älteren Tradition besteht eine Affinität, die, wie ich glaube, höchst irreführend sein kann. Die Vertreter der philosophischen Grammatik waren sehr darauf bedacht, diese Affinität bei der detaillierten Entwicklung ihrer Theorie zu betonen, und zögerten nicht, ihre Abhängigkeit von der klassischen Grammatik ebenso wie von solch bedeutenden Repräsentanten der Renaissance-Grammatik wie dem spanischen Gelehrten Sanctius hervorzuheben. Gerade Sanctius hatte eine Theorie der Ellipse entwickelt, die von großem Einfluß auf die philosophische Grammatik war. Wie ich bereits bemerkte, wird die philosophische Grammatik heute kaum verstanden, aber solche Vorläufer wie Sanctius sind in vollkommene Vergessenheit geraten. Wie immer im Fall solcher Arbeiten, besteht darüber hinaus noch das Problem, nicht nur herauszufinden, was er sagte, sondern auch – was wichtiger ist – was er meinte.

Es besteht kein Zweifel, daß Sanctius, als er seinen Begriff von der Ellipse als einer fundamentalen Eigenschaft der Sprache entwickelte, viele sprachliche Beispiele gegeben hat, die, oberflächlich gesehen, eine enge Parallele zu jenen aufwiesen, die angeführt wurden, um die Theorie der Tiefen- und Oberflächenstruktur zu entwickeln, und zwar sowohl in der philosophischen Grammatik als auch in ihren weitaus genaueren modernen Varianten. Es scheint jedoch so, daß der Begriff der Ellipse von Sanctius lediglich als ein Verfahren zur Interpretation von Texten intendiert ist. So muß man nach Sanctius, um die richtige Bedeutung eines konkreten literarischen Textstückes bestimmen zu können, dieses sehr oft als eine elliptische Variante einer ausführlicheren Paraphrase ansehen. In der Port-Royal-Theorie und ihrer späteren Ausprägung wurde, besonders durch den Enzyklopädisten Du Marsais, der Ellipse jedoch eine ziemlich andere Interpretation gegeben. Die eindeutige Intention der philosophischen Grammatik bestand darin, eine psychologische Theorie zu entwickeln, nicht eine Methode der Textinterpretation. Die Theorie besagt, daß die zugrunde liegende Tiefenstruktur mit ihrer abstrakten Organisation sprachlicher Formen »dem Geist gegenwärtig« ist, so wie das Signal mit seiner Oberflächenstruktur durch körperliche Organe empfangen oder produziert wird. Und die transformationellen Operationen, die Tiefen- und Oberflächenstrukturen verbinden, sind aktuelle mentale Operationen, die im Geist dann ausgeführt werden, wenn ein Satz erzeugt oder verstanden wird. Dieser Unterschied ist grundlegend. Der letzteren Interpretation zufolge muß es, im Geist repräsentiert, ein festes System von generativen Prinzipien geben, das Tiefen- und Oberflächenstrukturen auf eine bestimmte Art und Weise charakterisiert und assoziiert – mit anderen Worten, eine Grammatik, die in einer gewissen Art benutzt wird, wenn Satzfolgen produziert oder interpretiert werden. Diese Grammatik repräsentiert die zugrunde liegende Sprachkompetenz, auf die ich in früherem Zusammenhang hinwies. Das Problem, den Charakter solcher Grammatiken zu bestimmen und die Prinzipien auszumachen, denen sie unterliegen, ist ein für die Wissenschaft typisches Problem, vielleicht sehr schwer zu lösen, aber doch im Prinzip einer definitiven Beantwortung fähig, die insofern wahr oder falsch ist, wie sie mit der mentalen Realität übereinstimmt oder nicht. Die Theorie der Ellipse als eine Methode der Textinterpretation braucht jedoch nicht aus einer Menge von Prinzipien zu bestehen, die als ein Aspekt normaler menschlicher Kompetenz oder Intelligenz irgendwie im Geist repräsentiert werden. Sie kann vielmehr teilweise ad hoc gebildet sein und viele kulturelle und persönliche Faktoren einschließen, die für das zu analysierende literarische Werk relevant sind.

Die Port-Royal-Theorie der Tiefen- und Oberflächenstruktur fällt in den Bereich der Psychologie, als ein Versuch, Huartes zweiten Typ des Verstandes genauer zu fassen; als eine Untersuchung der Eigenschaften des normalen menschlichen Verstandes. Der Begriff der Ellipse bei Sanctius meint, wenn ich ihn richtig verstehe, eine von vielen Methoden, die unter gegebenen Bedingungen anwendbar sind und die nicht notwendig als ein Aspekt des normalen Verstandes eine mentale Repräsentation erfahren. Obwohl die angeführten sprachlichen Beispiele oftmals ähnlich sind, so sind doch die Kontexte, in die sie eingeführt werden, und die Zusammenhänge, in die sie sich einordnen lassen, grundsätzlich voneinander verschieden. Gerade durch die cartesianische Revolution sind sie voneinander getrennt. Ich sage das mit einer gewissen Einschränkung, und zwar deswegen, weil die relevanten Textzeugnisse und ihr intellektueller Hintergrund undurchsichtig sind. Trotzdem scheint mir diese Interpretation zutreffend zu sein.

Die Relationen zwischen der Port-Royal-Theorie und der modernen strukturellen und deskriptiven Linguistik sind um einiges klarer. Die letztere beschränkt sich auf die Analyse dessen, was ich Oberflächenstruktur genannt habe, und damit auf formale Eigenschaften, die dem Signal immanent sind, und auf Phrasen und Einheiten, die durch Techniken der Segmentierung und Klassifizierung determiniert werden können, wobei vom Signal ausgegangen wird. Diese Restriktion zeugt von einer ausgesprochenen Anspruchslosigkeit und wurde – völlig zu Unrecht, wie ich glaube – als ein großer Fortschritt angesehen. Der bedeutende Schweizer Linguist Ferdinand de Saussure, der um die Jahrhundertwende die Grundlagen der modernen strukturellen Linguistik entwickelte, vertrat die Meinung, daß die einzigen angemessenen Methoden der linguistischen Analyse die der Segmentierung und Klassifizierung seien.

Bei der Anwendung dieser Methoden bestimmt der Linguist die *patterns*, in die sich die so analysierten Einheiten einordnen, wobei diese *patterns* entweder syntagmatisch sind – das heißt, *patterns* der Wort-für-Wort-Aufeinanderfolge im Fluß des Sprechens – oder paradigmatisch – das heißt, Relationen zwischen Einheiten, welche die gleiche Position im Fluß des Sprechens einnehmen. Er war der Ansicht, daß die Struktur der Sprache, wenn diese Analyse vollständig ist, mit Notwendigkeit vollständig aufgedeckt sei und die Linguistik so ihre Aufgabe vollkommen erfüllt habe. Es ist evident, daß eine solche taxonomische Analyse keinen Raum mehr für Tiefenstrukturen im Sinne der philosophischen Grammatik läßt. Zum Beispiel kann das System der drei Propositionen, die dem Satz »Der unsichtbare Gott erschuf die sichtbare Welt« zugrunde liegen, nicht durch Segmentierung und Klassifizierung der segmentierten Einheiten aus diesem Satz abgeleitet werden, auch können die transformationellen Operationen, welche die Tiefen- und Oberflächenstrukturen in Relation zueinander setzen, in diesem Fall nicht mittels paradigmatischer oder syntagmatischer Strukturen ausgedrückt werden. Die moderne strukturelle Linguistik hat sich fest an diese Grenzen gehalten, die als notwendige Grenzen angesehen wurden.

Tatsächlich löste sich Saussure in gewisser Hinsicht sogar noch weiter von der Tradition der philosophischen Grammatik. Er äußerte gelegentlich die Ansicht, daß die Prozesse der Satzbildung letztlich nicht dem System der Sprache angehören – daß das System der Sprache auf solche sprachlichen Einheiten wie Laute und Wörter und vielleicht einige wenige feste Wendungen und eine geringe Zahl von sehr generellen *patterns* beschränkt sei; die Mechanismen der Satzbildung seien ansonsten frei von jeglichen Bedingungen, die durch die Sprachstruktur als solche gegeben werden. So ist, in seinen Begriffen, die Satzbildung nicht eigentlich eine Angelegenheit der *langue*, sondern vielmehr dem zugeordnet, was er *parole* nannte, und gehört so einem Bereich außerhalb der eigentlichen Linguistik an. Satzbildung sei ein Prozeß freier Kreation, nicht gebunden an sprachliche Regeln oder doch nur insoweit, wie solche Regeln die Form der Wörter und die *patterns* der Laute determinieren. Syntax ist unter diesem Aspekt eine ziemlich triviale Angelegenheit. Und es gibt tatsächlich, während der gesamten Periode der strukturellen Linguistik, wenige Arbeiten auf dem Gebiet der Syntax.

Mit dieser Position nimmt de Saussure eine wichtige Kritik an der humboldtschen Sprachtheorie wieder auf, die der hervorragende amerikanische Linguist William Dwight Whitney vorbrachte, der zweifellos einen großen Einfluß auf Saussure ausübte. Nach Whitney weist die humboldtsche Sprachtheorie, die in vieler Hinsicht die von mir diskutierten cartesianischen Aspekte erweiterte, fundamentale Irrtümer auf. Eine Sprache sei vielmehr einfach »aus einer großen Anzahl von Zeichen aufgebaut, von denen jedes seine eigene Geschichte, Ursache und Wirkung hat«. Er behauptete, daß »eine Sprache im konkreten Sinne ... die Summe der Wörter und Satzteile ist, durch die jeder Mensch seine Gedanken ausdrückt«; die Aufgabe des Linguisten sei es somit, diese sprachlichen Formen zusammenzustellen und ihre individuelle Geschichte zu untersuchen. Im Gegensatz zur philosophischen Grammatik vertrat Whitney die Ansicht, daß es hinsichtlich der Form der Sprache nichts Universelles gebe, und daß man anhand einer Untersuchung des willkürlichen Agglomerats von Formen, das eine Sprache konstituiert, nichts über die generellen Eigenschaften des menschlichen Verstandes erfahren könne. Wie er es formuliert: »Die unendliche Mannigfaltigkeit des menschlichen Sprechens sollte allein schon eine ausreichende Schranke gegen die Annahme bilden, daß ein Verstehen der Geisteskräfte die Erklärung des Sprechens einschließt.« Auf ähnliche Weise wirft Delbrück in seinem Standardwerk über indogermanische komparative Syntax der traditionellen Grammatik vor, ideale Satztypen aufgestellt zu haben, die den beobachteten Signalen zugrunde liegen, wobei er sich auf Sanctius als den »größten Dogmatiker auf diesem Gebiet« bezieht.

Mit der Äußerung von Ansichten wie diesen haben wir die

Moderne der Sprachwissenschaft erreicht. Mit den außerordentlichen Erfolgen der komparativen Indogermanistik, die sich sicherlich zu den Haupterfolgen der Wissenschaft des 19. Jahrhunderts zählen lassen, hatte auch die Todesstunde für die philosophische Grammatik geschlagen. Der unzulängliche und völlig inadäquate Sprachbegriff, der von Whitney, Saussure und vielen anderen vorgelegt wurde, erwies sich als dem damaligen Entwicklungsstand der linguistischen Forschung völlig angemessen. Folglich sah man diese Konzeption als gerechtfertigt an, eine nicht unnatürliche, aber vollkommen falsche Überzeugung. Die moderne strukturell-deskriptive Linguistik entwickelte sich im gleichen intellektuellen Bezugssystem und machte ebenfalls wesentliche Fortschritte, auf die ich noch genauer zu sprechen kommen werde. Im Gegensatz dazu bot die philosophische Grammatik keine geeigneten Begriffe für die neue komparative Grammatik oder für die Untersuchung exotischer Sprachen, die den Forschern unbekannt waren; sie hatte sich in einem gewissen Sinne erschöpft: sie hatte die Grenzen dessen erreicht, was innerhalb des Rahmens der zur Verfügung stehenden Begriffe und Methoden erreicht werden konnte. Vor einem Jahrhundert wußte man noch nicht genau, wie man bei der Konstruktion von generativen Grammatiken verfahren könnte, die »unendlichen Gebrauch von endlichen Mitteln machen«, und welche die »organische Form« der menschlichen Sprache abbilden, dieser (in den Worten der Port-Royal-*Grammatik*) »wunderbaren Erfindung, vermittels derer wir aus fünfundzwanzig oder dreißig Lauten eine unendliche Zahl von Äußerungen konstruieren, die, obwohl sie selbst keine Ähnlichkeit mit dem haben, was in unserem Geist vor sich geht, uns doch befähigen, andere das Geheimnis dessen wissen zu lassen, was wir denken und sonst noch an mannigfaltigen mentalen Aktivitäten ausüben.«

So war die Sprachwissenschaft an einem Punkt angekommen, wo es auf der einen Seite eine Menge einfacher Begriffe gab, welche die Grundlage für einige aufsehenerregende Erfolge bildeten, und auf der anderen Seite einige profunde aber recht vage Vorstellungen, die nicht den Eindruck machten, als ermöglichten sie weitere produktive Forschung. Was dann kam, war unvermeidlich und keineswegs zu bedauern. Es ergab sich eine Professionalisierung des Faches, eine Verlagerung der Interessen von den klassischen Problemen, die für Intellektuelle wie beispielsweise Arnault und Humboldt von einem allgemeinen Interesse gewesen waren, auf einen neuen Bereich, der weitgehend durch diejenigen Methoden definiert war, die im Fach selbst bei der Lösung gewisser Probleme ausgearbeitet worden waren. Solch eine Entwicklung ist natürlich und durchaus naheliegend, jedoch nicht frei von Gefahren. Ohne den Kult des gebildeten Dilettantismus überbewerten zu wollen, muß man anerkennen, daß die klassischen Probleme eine Unmittelbarkeit und Signifikanz aufweisen, die in einem solchen Bereich der Forschung fehlen können, der durch die Anwendbarkeit gewisser Mittel und Methoden weit mehr bestimmt wird als durch die Probleme, die per se von grundlegendem Interesse sind.

Das bedeutet nicht, daß auf nützliche Mittel verzichtet werden soll; es geht vielmehr erstens darum, genug Perspektiven offen zu lassen, um das unvermeidliche Eintreten jenes Zeitpunktes abschätzen zu können, an dem die Forschung, die mit diesen Mitteln durchgeführt werden kann, nicht länger wichtig ist; und es geht zweitens darum, den Wert solcher Überlegungen und Einsichten zu bestimmen, die zutreffend, wenngleich auch vielleicht vage und verfrüht sind, und die, in einem gewissen Entwicklungsstadium der Methoden und des Verstehens, noch keine Wissenschaft ermöglichen. Dank der Möglichkeit, zurückzublicken, können wir nun, wie ich glaube, klar erkennen, daß die Verunglimpfung und Vernachlässigung einer reichen Tradition sich auf die Dauer als äußerst nachteilig für die Sprachwissenschaft erwiesen haben. Darüber hinaus waren diese Verunglimpfung und Vernachlässigung mit Sicherheit nicht notwendig. Obwohl es vielleicht psychologisch schwierig gewesen wäre, gibt es prinzipiell keine Gründe, warum sich die erfolgreiche Ausnutzung des strukturalistischen Ansatzes bei historischen und deskriptiven Untersuchungen nicht hätte verbinden können mit einer klaren Erkenntnis ihrer wesentlichen Grenzen und letztlichen Inadäquatheit, im Vergleich mit der Tradition, die sie vorübergehend, und durchaus zu Recht, verdrängte. Hier liegt, so glaube ich, eine Erkenntnis, die für zukünftige Untersuchungen der Sprache und des Geistes wertvoll sein kann.

Um zusammenzufassen: ich glaube, daß es zwei wirklich produktive Traditionen der Forschung gegeben hat, die ohne Frage Relevanz für jeden haben, der sich heute mit Sprachwissenschaft befaßt. Die eine ist die Tradition der philosophischen Grammatik, die vom 17. Jahrhundert bis hin zur Romantik wirkte; die zweite ist die Tradition, die ich ziemlich irreführend als »strukturalistisch« bezeichnet habe und die in der Forschung dieses Jahrhunderts zumindest bis in die frühen fünfziger Jahre dominierte. Ich bin auf die Leistungen der ersteren deswegen näher eingegangen, weil sie ebenso unbekannt wie für die Gegenwart relevant sind. Die strukturelle Linguistik hat den Bereich der uns zur Verfügung stehenden Informationen enorm erweitert und die Zuverlässigkeit solcher Daten unermeßlich erhöht. Sie hat gezeigt, daß es strukturelle Relationen in der Sprache gibt, die abstrakt untersucht werden können. Durch sie hat die Präzision der Diskussionen über die Sprache ein gänzlich neues Niveau erreicht. Doch ich glaube, daß sich als ihr hauptsächlichster Beitrag derjenige erweist, für den sie, paradoxerweise, die schärfste Kritik erfahren hat. Ich meine den sorgfältigen und ernsthaften Versuch, »Analyseprozeduren« zu konstruieren, jene Techniken der Segmentierung und Klassifizierung, auf die sich Saussure bezog. Dieser Versuch war ein Fehlschlag – ich glaube, das wird heute allgemein eingesehen. Er war deshalb ein Fehlschlag, weil solche Techniken bestenfalls auf die Phänomene der Oberflächenstruktur begrenzt sind und sie daher nicht die Mechanismen aufdecken können, die dem kreativen Aspekt des Sprachgebrauchs und dem Ausdruck semantischer Inhalte zugrunde liegen. Doch von grundsätzlicher Bedeutung bleibt dieses: daß dieser Versuch zu den Grundproblemen der Sprachwissenschaft geführt hatte, die zum erstenmal auf klare und einsichtige Art und Weise formuliert wurden. Das Problem, das sich stellt, besteht darin, diejenigen Mechanismen zu spezifizieren, die auf Sinnesdaten operieren und Sprachkenntnis, also Sprachkompetenz, produzieren. Es liegt auf der Hand, daß solche Mechanismen existieren. Kinder erlernen eine erste Sprache; die Sprache, die sie erlernen, ist, im traditionellen Sinne, eine »instituierte Sprache«, nicht ein angeboren spezifiziertes System. Die Antwort, die im Rahmen der Methodologie der strukturellen Linguistik vorgeschlagen wurde, hat sich als falsch erwiesen, doch das ist von geringerer Wichtigkeit gegenüber dem Umstand, daß das Problem selbst heute eine klare Formulierung erfahren hat.

Whitehead beschrieb einmal die Denkweise der modernen Wissenschaft dahingehend, daß sie sich »durch die Vereinigung von leidenschaftlichem Interesse an detaillierten Fakten mit einer gleichen Neigung zu abstrakter Generalisierung« Bahn gebrochen habe. Es ist relativ genau, die moderne Linguistik als leidenschaftlich an einzelnen Fakten interessiert und die philosophische Grammatik als ebensosehr zu abstrakten Generalisierungen neigend zu beschreiben. Es scheint mir, daß die Zeit gekommen ist, diese beiden Hauptströmungen zu vereinen und eine Synthese zu entwickeln, die ihre jeweiligen Leistungen übertrifft. In den nächsten beiden Vorlesungen werde ich zu illustrieren versuchen, wie die Tradition der philosophischen Grammatik wiederhergestellt und auf neue und dringliche Probleme bezogen werden kann, und wie man schließlich auf eine produktive Art und Weise zu jenen grundsätzlichen Fragen und Themen zurückkehren kann, die diese Tradition hervorriefen.

Linguistische Beiträge zur Untersuchung des Geistes

2. Gegenwart

Eine Schwierigkeit für die psychologischen Wissenschaften liegt in der Vertrautheit der Phänomene, die sie behandeln. Es ist ein gewisser intellektueller Aufwand erforderlich, um zu sehen, wie solche Phänomene ernsthafte Probleme hervorrufen oder komplizierte explanative Theorien erforderlich machen können. Man ist geneigt, sie als notwendig oder irgendwie »natürlich« hinzunehmen.

Es ist oft erörtert worden, welche Wirkung diese Vertrautheit der Phänomene hat. Wolfgang Köhler zum Beispiel wies darauf hin, daß Psychologen nicht, wie es in den Naturwissenschaften üblich ist, »völlig neue Bereiche« erschließen, »einfach deswegen, weil dem Menschen praktisch alle Bereiche des geistigen Lebens, lange vor der Begründung der wissenschaftlichen Psychologie, bekannt waren ... denn bereits zu Beginn ihrer Arbeit gab es keine völlig unbekannten mentalen Fakten mehr, die sie hätten entdecken können«.[1] Die elementarsten Entdeckungen der klassischen Physik hatten einen gewissen Schockeffekt – elliptische Bahnen oder die Gravitations-Konstante sind der Intuition des Menschen nicht zugänglich. Doch »mentale Fakten«, die sogar noch tiefer liegen, können nicht von dem Psychologen »entdeckt werden«, denn sie sind eine Angelegenheit von intuitivem Wissen und bereits augenfällig, wenn sie einmal herausgestellt worden sind.

Daneben gibt es noch eine subtilere Auswirkung. Phänomene können so vertraut sein, daß wir sie tatsächlich überhaupt nicht bemerken, ein Sachverhalt, der oft von Literaturtheoretikern und Philosophen erörtert worden ist. Viktor Šklovskij zum Beispiel entwickelte in den frühen zwanziger Jahren die Konzeption, derzufolge die Funktion der Dichtung darin besteht,

1 W. Köhler, *Dynamics in Psychology* (New York: Liveright, 1940).

den beschriebenen Gegenstand zu »verfremden«. »Menschen, die am Meer leben, gewöhnen sich so sehr an das Rauschen der Wellen, daß sie es nicht mehr hören. Aus demselben Grund hören wir kaum jemals die Wörter, die wir äußern... Wir sehen uns an, aber wir sehen uns nicht mehr. Unsere Wahrnehmung der Welt ist dahingeschwunden; was geblieben ist, ist bloßes Erkennen.« So ist es das Ziel des Künstlers, das, was geschildert wird, in die »Sphäre neuer Wahrnehmung« zu rücken; als ein Beispiel zitiert Šklovskij eine Erzählung Tolstois, in der soziale Gewohnheiten und Institutionen dadurch »verfremdet« werden, daß sie aus dem Blickwinkel eines Erzählers vorgetragen werden, der zufällig ein Pferd ist.[2]

Die Beobachtung, daß »wir uns ansehen, aber uns nicht mehr sehen«, nimmt vielleicht den gleichen Status ein wie »Wörter, die wir äußern, aber kaum jemals hören«. Aber die Vertrautheit, auch dieses Falles, sollte die Bedeutung dieser Einsicht nicht verdecken.

Wittgenstein macht eine ähnliche Beobachtung, wenn er erklärt: »Die für uns wichtigsten Aspekte der Dinge sind durch ihre Einfachheit und Alltäglichkeit verborgen. (Man kann es nicht bemerken, – weil man es immer vor Augen hat.)«[3] Er vertritt die Meinung: »Was wir liefern, sind eigentlich Bemerkungen zur Naturgeschichte des Menschen; aber nicht kuriose Beiträge, sondern Feststellungen, an denen niemand gezweifelt hat, und die dem Bemerktwerden nur entgehen, weil sie ständig vor unsern Augen sind.«[4]

Weniger beachtet wird der Umstand, daß wir auch die Notwendigkeit einer Erklärung aus den Augen verlieren, wenn uns Phänomene zu vertraut und »augenfällig« sind. Wir sind zu schnell geneigt, anzunehmen, daß Erklärungen transparent sein müssen und sich nicht zu weit von der Oberfläche entfer-

---

2 Vgl. V. Erlich, *Russian Formalism*, 2. rev. Aufl. (New York: Humanities, 1965), S. 150 f.
3 Ludwig Wittgenstein, *Philosophische Untersuchungen* (Oxford, 1953), Sektion 129.
4 Ebenda, Sektion 415.

nen dürfen. Der größte Fehler der klassischen Philosophie des Geistes, sowohl der rationalistischen als auch der empiristischen, scheint mir in der nicht weiter in Frage gestellten Annahme zu liegen, daß die Eigenschaften und Inhalte des Geistes der Introspektion zugänglich seien; es ist erstaunlich zu sehen, wie selten diese Annahme, insoweit sie die Funktion und Organisation der intellektuellen Fähigkeiten betrifft, angefochten wurde, ja nicht einmal in der Freudschen Revolution. Entsprechend litten die unter dem Einfluß des cartesianischen Rationalismus vorgenommenen weiterreichenden Untersuchungen der Sprache unter dem Versäumnis, zum einen die Abstraktheit solcher Strukturen in Rechnung zu stellen, die »dem Geist gegenwärtig« sind, wenn eine Äußerung produziert oder verstanden wird, und zum anderen die Länge und Komplexität der Operationsketten zu berücksichtigen, die die mentalen Strukturen, die den semantischen Gehalt der Äußerung bestimmen, mit der physikalischen Realisation in Beziehung setzen.

Ein ähnlicher Fehler zieht die Untersuchung von Sprache und Geist in der modernen Epoche in Mitleidenschaft. Es scheint mir, daß die eigentliche Schwäche des strukturalistischen und behavioristischen Ansatzes zur Behandlung dieser Gegenstände in dem Glauben an die Eingängigkeit von Erklärungen besteht, in der Überzeugung, daß der Geist in seiner Struktur einfacher sein müsse als jedes bekannte physische Organ und daß die allerprimitivste Annahme adäquat sein müsse, um beliebige beobachtete Phänomene zu erklären. So gilt es ohne weitere Argumente oder Befunde als sicher (oder wird durch Definition als wahr eingeführt), daß eine Sprache eine »Verhaltensstruktur« oder ein Netz von assoziativen Verknüpfungen sei, oder daß die Sprachkenntnis lediglich eine Sache des »*knowing how*«, eine Geschicklichkeit sei, darstellbar als ein System von Response-Dispositionen. Die Sprachkenntnis muß sich demzufolge langsam durch Wiederholung und Training entwickeln, ihre offensichtliche Komplexität resultiert eher aus der Vereinigung sehr einfacher Elemente als aus tieferliegenden Prinzipien der mentalen Organisation, die wie die Mechanismen der Verdauung oder der koordinierten Bewegung der Introspektion zugänglich sein mögen. Obwohl in dem Versuch, die Sprachkenntnis und den Sprachgebrauch in diesen Begriffen zu erklären, nichts eigentlich Unvernünftiges liegt, hat er auch keine besondere Plausibilität oder apriorische Rechtfertigung. Es gibt keinen Grund, mit Unbehagen oder Ungläubigkeit zu reagieren, wenn die Untersuchung der Sprachkenntnis und des Gebrauchs dieser Kenntnis in eine völlig andere Richtung führen sollte.

Wenn man Fortschritte in der Untersuchung der Sprache und der menschlichen kognitiven Fähigkeiten im allgemeinen erzielen will, so ist es, wie ich glaube, zunächst notwendig, eine »psychische Distanz« zu den »mentalen Fakten«, auf die sich Köhler bezieht, herzustellen, und dann die Möglichkeiten für die Entwicklung von explanativen Theorien zu untersuchen, was immer sie hinsichtlich der Komplexität und Abstraktheit der zugrunde liegenden Mechanismen nahelegen mögen. Wir müssen zur Kenntnis nehmen, daß sogar die vertrautesten Phänomene eine Erklärung verlangen und daß wir, ebensowenig wie in der Physiologie und Physik, keinen privilegierten Zugang zu den zugrunde liegenden Mechanismen haben. Es können nur höchst vorläufige und vage Hypothesen über die Natur der Sprache, ihren Gebrauch und ihren Erwerb aufgestellt werden. Als Sprecher einer Sprache haben wir einen breiten Bestand an Daten zur Verfügung. Aus eben diesem Grund ist es leicht, dem Irrtum zu verfallen, daß es nichts zu erklären gibt, daß das, was an organisierenden Prinzipien oder zugrunde liegenden Mechanismen existieren mag, ebenso »gegeben« sein muß, wie die Daten gegeben sind. Nichts könnte weiter von der Wahrheit entfernt sein; und ein Versuch, genau das System von Regeln zu charakterisieren, das wir zu beherrschen gelernt haben und das uns befähigt, neue Sätze zu verstehen und einen neuen Satz in einer geeigneten Situation zu produzieren, wird schnell jeglichen Dogmatismus auf diesem Gebiet verbannen. Die Suche nach explanativen Theorien muß

mit dem Versuch beginnen, diese Regelsysteme zu determinieren und die Prinzipien aufzudecken, die sie beherrschen.
Derjenige, der die Kenntnis einer Sprache erworben hat, hat ein System von Regeln internalisiert, das Laut und Bedeutung auf eine besondere Art und Weise in Beziehung setzt. Der Linguist, der die Grammatik einer Sprache konstruiert, schlägt damit tatsächlich eine Hypothese über dieses internalisierte System vor. Die Hypothese des Linguisten wird, wenn sie mit ausreichender Explizitheit und Präzision vorgetragen wird, hinsichtlich der Form von Äußerungen und ihrer Interpretationen durch den Sprecher gewisse empirische Konsequenzen haben. Es ist evident, daß Sprachkenntnis – das internalisierte System von Regeln – nur einer von vielen Faktoren ist, die determinieren, wie eine Äußerung in einer bestimmten Situation gebraucht oder verstanden wird. Der Linguist, der festzulegen versucht, was die Sprachkenntnis konstituiert – also eine korrekte Grammatik zu konstruieren versucht –, untersucht einen, aber nicht den einzigen fundamentalen Faktor, der der Performanz inhärent ist. Diese Idealisierung ist zu beachten, wenn man das Problem der Bestätigung von Grammatiken auf der Grundlage von empirischen Befunden betrachtet. Es gibt keinen Grund dafür, warum man nicht auch die Wechselwirkung zwischen verschiedenen Faktoren untersuchen sollte, die in komplexen mentalen Akten involviert sind und der aktualen Performanz zugrunde liegen. Aber eine solche Untersuchung wird nicht sehr erfolgreich sein, wenn nicht die getrennten Faktoren selbst relativ gut verstanden werden.
In einem vernünftigen Sinne ist die von dem Linguisten vorgeschlagene Grammatik eine explanative Theorie; sie gibt eine Erklärung für den Umstand, daß (unter der genannten Idealisierung) ein Sprecher der betreffenden Sprache eine Äußerung auf eine bestimmte Art und nicht auf eine andere empfangen, interpretieren, bilden oder gebrauchen wird. Man kann auch nach explanativen Theorien suchen, die auf einer tieferliegenden Stufe anzusetzen sind. Der Sprecher hat eine Grammatik auf der Basis sehr beschränkter und defekter Daten erworben;

die Grammatik hat empirische Konsequenzen, die weit über diese Daten hinausgehen. Auf der einen Stufe werden die Phänomene, die die Grammatik behandelt, durch die Regeln der Grammatik selbst und die Wechselwirkung zwischen diesen Regeln erklärt. Auf einer tieferliegenden Stufe werden die gleichen Phänomene durch die Prinzipien erklärt, die die Selektion der Grammatik auf der Basis der beschränkten und defekten Daten determinieren, die demjenigen zur Verfügung stehen, der Sprachkenntnis erworben hat, der für sich diese spezielle Grammatik konstruiert hat. Die Prinzipien, die die Form der Grammatik determinieren und eine Grammatik der geeigneten Form auf der Basis gewisser Daten auswählen, konstituieren dasjenige, was, dem traditionellen Gebrauch gemäß, als »universale Grammatik« bezeichnet werden kann. Die Untersuchung der universalen Grammatik ist, so verstanden, eine Untersuchung der Natur der menschlichen intellektuellen Fähigkeiten. Sie versucht die notwendigen und hinreichenden Bedingungen zu formulieren, denen ein System genügen muß, um sich als eine mögliche menschliche Sprache auszuweisen, Bedingungen, die nicht zufällig auf die existierenden menschlichen Sprachen zutreffen, sondern begründet sind in der menschlichen »Sprachfähigkeit« und so die natürliche Organisation konstituieren, die determiniert, was als sprachliche Erfahrung zu gelten hat und welche Sprachkenntnis auf der Basis dieser Erfahrung möglich ist. Die universale Grammatik konstituiert somit eine explanative Theorie tiefergehender Art als eine spezielle Grammatik, obwohl die spezielle Grammatik einer Sprache ebenfalls als explanative Theorie aufgefaßt werden kann.[5]

Praktisch hat es der Linguist immer mit der Untersuchung bei-

---

[5] Um diesen Unterschied im Grad der Erklärung zum Ausdruck zu bringen, habe ich in meiner Abhandlung *Current Issues in Linguistic Theory* (New York: Humanities, 1964) vorgeschlagen, den Terminus »Ebene der deskriptiven Adäquatheit« für die Untersuchung der Relation zwischen Grammatiken und Daten und den Terminus »Ebene der explanativen Adäquatheit« für die Relation zwischen einer Theorie der universalen Grammatik und diesen Daten zu gebrauchen.

der, der universalen und der speziellen Grammatik zu tun. Wenn er eine spezielle deskriptive Grammatik eher in der einen als in der anderen Art auf der Basis dessen konstruiert, was ihm an Daten zur Verfügung steht, läßt er sich, bewußt oder unbewußt, von gewissen Annahmen über die Form der Grammatik leiten, und diese Annahmen gehören der Theorie der universalen Grammatik an. Umgekehrt muß seine Formulierung der Prinzipien der universalen Grammatik durch die Untersuchung ihrer Konsequenzen gerechtfertigt werden, wenn sie in speziellen Grammatiken angewendet wird. Demzufolge hat es der Linguist auf verschiedenen Ebenen mit der Konstruktion explanativer Theorien zu tun, und auf jeder Ebene gibt es eine klare psychologische Interpretation für seine theoretischen und deskriptiven Befunde. Auf der Ebene der speziellen Grammatik versucht er die Sprachkenntnis zu charakterisieren, ein gewisses kognitives System, das – unbewußt natürlich – von dem normalen Sprecher–Hörer entwickelt worden ist. Auf der Ebene der universalen Grammatik versucht er, gewisse generelle Eigenschaften der menschlichen Intelligenz auszumachen. Dieser Charakterisierung zufolge ist die Linguistik einfach ein Teilgebiet der Psychologie, in dem diese Aspekte des Geistes behandelt werden.

Ich will versuchen, einige Hinweise darauf zu geben, welcher Art die gegenwärtigen Arbeiten sind, bei denen es einerseits darum geht, die Regelsysteme zu determinieren, die Sprachkenntnis konstituieren, und andererseits, die Prinzipien aufzudecken, die diese Systeme beherrschen. Es ist sicher, daß die Ergebnisse, die heute hinsichtlich der speziellen oder universalen Grammatik erzielt werden können, als durchaus vorläufig und in ihrer Reichweite begrenzt gelten müssen. Und in einer kurzen Skizze wie dieser können nur sehr grobe Umrisse angedeutet werden. Bei dem Versuch, eine Vorstellung davon zu geben, was heute getan wird, will ich mich auf Probleme konzentrieren, die insofern geläufig sind, als sie mit einiger Klarheit formuliert und untersucht werden können, obwohl sie sich noch immer einer Lösung widersetzen.

Wie ich in der ersten Vorlesung andeutete, glaube ich, daß der am besten geeignete allgemeine Rahmen für die Untersuchung der Probleme von Sprache und Geist das System von Ideen ist, die als Teil der rationalistischen Psychologie des 17. und 18. Jahrhunderts entwickelt und in wesentlichen Aspekten von den Romantikern ausgearbeitet und dann weithin vergessen wurden, als sich das Interesse auf andere Gegenstände verlagerte. Gemäß dieser traditionellen Konzeption wird ein System von Propositionen, die die Bedeutung eines Satzes ausdrücken, im Geist produziert, wenn der Satz als physikalisches Signal realisiert wird, und die beiden werden durch gewisse formale Operationen in Beziehung gesetzt, die wir, in der derzeitigen Terminologie, *grammatische Transformationen* nennen werden. So können wir, um in der derzeitigen Terminologie fortzufahren, die *Oberflächenstruktur* eines Satzes, die Organisation in Kategorien und Phrasen, die direkt mit dem physikalichen Signal assoziiert werden, von der zugrunde liegenden *Tiefenstruktur* unterscheiden, die ebenfalls ein System von Kategorien und Phrasen ist, jedoch von abstrakterem Charakter. So kann die Oberflächenstruktur des Satzes »A wise man is honest« / »Ein weiser Mann ist ehrlich« analysiert werden in das Subjekt »a wise man« / »ein weiser Mann« und das Prädikat »is honest« / »ist ehrlich«. Die Tiefenstruktur wird sich jedoch davon erheblich unterscheiden, sie wird insbesondere aus der komplexen Vorstellung, die das Subjekt der Oberflächenstruktur konstituiert, eine zugrunde liegende Proposition mit dem Subjekt »man« und dem Prädikat »be wise« herauslösen. Tatsächlich ist die Tiefenstruktur, in traditioneller Sicht, ein System von zwei Propositionen, von denen keine behauptet wird, die jedoch so miteinander in Relation stehen, daß sie die Bedeutung des Satzes »A wise man is honest« ausdrücken. Wir können die Tiefenstruktur dieses Beispiels durch die Formel 1 und die Oberflächenstruktur durch die Formel 2 repräsentieren, wobei paarweise Klammern markiert sind, um die Kategorie anzuzeigen, unter die die Phrase fällt. (Unter Fortlassung vieler Details.)

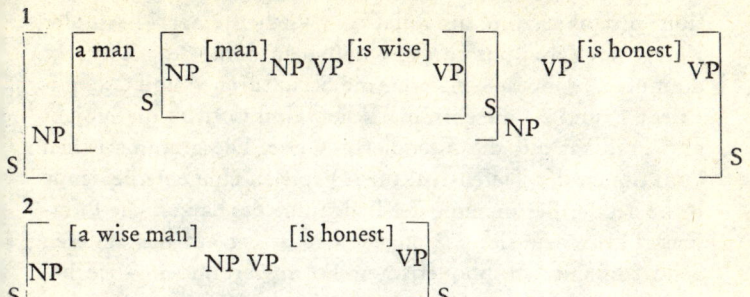

Eine alternative und äquivalente Notation, die vielfach gebraucht wird, drückt die markierte Klammerung von 1 und 2 in Form eines Baumes, als 1′ bzw. 2′ aus:

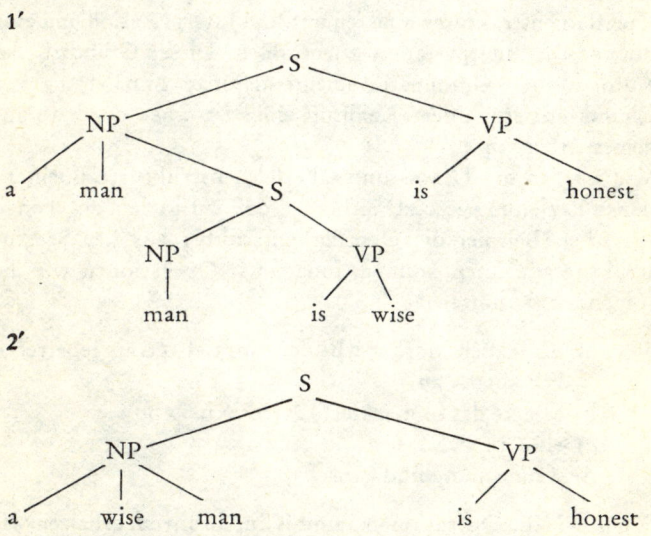

Wenn wir die Relation »Subjekt von« so verstehen, daß sie zwischen einer Phrase der Kategorie Nominalphrase (NP) und dem Satz (S) besteht, der sie direkt dominiert, und die Relation »Prädikat-von« als Relation zwischen einer Phrase der Kategorie Verbalphrase (VP) und dem Satz, der sie direkt dominiert, dann spezifizieren die Strukturen 1 und 2 (äquivalent 1' und 2') die grammatischen Funktionen von Subjekt und Prädikat auf die intendierte Weise. Die grammatischen Funktionen der Tiefenstruktur (1) spielen eine entscheidende Rolle bei der Bestimmung der Bedeutung des Satzes. Die Phrasenstruktur, wie sie in 2 angedeutet ist, ist auf der anderen Seite eng mit der phonetischen Form verbunden – sie bestimmt insbesondere die Intonationskurve der repräsentierten Äußerung.

Die Kenntnis einer Sprache schließt die Fähigkeit ein, einer unendlichen Anzahl von Sätzen Tiefen- und Oberflächenstrukturen zuzuordnen, diese Strukturen auf angemessene Art in Beziehung zu setzen und den gekoppelten Tiefen- und Oberflächenstrukturen eine semantische Interpretation und eine phonetische Interpretation zuzuordnen. Dieser Grundriß des Aufbaus einer Grammatik scheint als erste Annäherung zur Charakterisierung der »Kenntnis einer Sprache« durchaus angemessen zu sein.

Wie werden die Tiefen- und Oberflächenstrukturen zueinander in Beziehung gesetzt? Sicher ist, daß wir in dem gegebenen einfachen Beispiel die Oberflächenstruktur aus der Tiefenstruktur gewinnen können, indem wir Operationen wie die folgenden ausführen:

3   a) ordne den Marker **wh-** dem am tiefsten eingebetteten NP »man« zu.
     b) ersetze das so markierte NP durch »who«
     c) elidiere »who is«
     d) stelle »man« und »wise« um.

Wenn wir die Operationen **a** und **b** durchführen, erhalten wir die Struktur, die dem Satz »a man who is wise is honest« zugrunde liegt, der eine mögliche Realisation der zugrunde liegenden Struktur (1) ist. Wenn wir darüber hinaus die Operation **c** durchführen (indem wir »a man wise is honest« ableiten), müssen wir im Englischen ebenso die Hilfsoperation d durchführen, womit wir die Oberflächenstruktur (2) ableiten, die phonetisch interpretiert werden kann.

Wenn dieser Ansatz im Prinzip korrekt ist, dann beherrscht derjenige, der eine spezielle Sprache kennt, eine Grammatik, die die unendliche Menge von möglichen Tiefenstrukturen *generiert* (das heißt, charakterisiert), sie in assoziierte Oberflächenstrukturen abbildet und die semantische und phonetische Interpretation dieser abstrakten Objekte determiniert.[6] Auf der nun verfügbaren Informationsbasis scheint die Aussage angemessen, daß die Oberflächenstruktur die phonetische Interpretation vollständig determiniert und daß die Tiefenstruktur solche grammatischen Funktionen zum Ausdruck bringt, die eine Rolle bei der Determination der semantischen Interpretation spielen, obwohl gewisse Aspekte der Oberflächenstruktur ebenfalls die Bedeutung eines Satzes determinieren können – auf eine Art, die ich hier nicht erörtern will. Eine Grammatik dieser Art wird also eine gewisse unendliche Korrelation von Laut und Bedeutung definieren. Sie stellt den ersten Schritt auf dem Weg einer Erklärung dessen dar, wie jemand einen beliebigen Satz seiner Sprache verstehen kann.

---

6 Zur genauen Entwicklung dieses Aspekts vgl. J. Katz und P. Postal, *An Intergrated Theory of Linguistic Description* (Cambridge, Mass.: M. I. T. Press, 1964) und meine Abhandlung *Aspects of the Theory of Syntax* (Cambridge, Mass.: M. I. T. Press, 1965; deutsch: *Aspekte der Syntax-Theorie*, Frankfurt: Suhrkamp, 1969). Vgl. ferner: Peter S. Rosenbaum, *The Grammar of English Predicate Complement Constructions* (Cambridge, Mass.: M. I. T. Press, 1967). Diese enthalten Hinweise auf frühere Arbeiten, die sie weiterführen und modifizieren. Es gab in den letzten Jahren eine große Anzahl von Arbeiten, die diesen generellen Ansatz noch weiter ausbauten und modifizierten und in denen Alternativen vorgeschlagen wurden. Gegenwärtig befindet sich auf diesem Gebiet noch vieles im Umbruch, und es wird wahrscheinlich noch einige Zeit vergehen, bevor sich der Staub zu setzen beginnt und eine Reihe von noch offenstehenden Fragen, wenn auch nur versuchsweise, gelöst sind. Die gegenwärtige Forschung ist zu verzweigt, als daß sie in einer Skizze wie dieser detailliert referiert werden kann. Ein gewisser Einblick in ihren Gegenstandsbereich und ihre allgemeinen Richtungen kann Sammelbänden entnommen werden wie: R. Jacobs und P. S. Rosenbaum, Hrsg., *Readings in English Transformational Grammar* (Waltham, Mass.: Blaisdell, 1968).

Sogar dieses künstlich vereinfachte Beispiel kann einige Eigenschaften von Grammatiken illustrieren, die generell zu sein scheinen. Eine unendliche Klasse von Tiefenstrukturen, ähnlich wie in 1, kann durch sehr einfache Regeln generiert werden, die einige rudimentäre grammatische Funktionen zum Ausdruck bringen, wenn wir diesen Regeln eine rekursive Eigenschaft zuschreiben – insbesondere eine solche, die es ihnen erlaubt, Strukturen von der Form [s...]s in andere Strukturen einzubetten. Die grammatischen Transformationen werden iteriert durchgeführt, um letztlich eine Oberflächenstruktur zu bilden, die von der zugrunde liegenden Tiefenstruktur ziemlich weit entfernt sein kann. Die Tiefenstruktur kann sehr abstrakt sein; sie braucht der phonetischen Realisation nicht Punkt für Punkt zu entsprechen. Die Sprachkenntnis – die »Sprachkompetenz«, in dem technischen Sinn dieses Begriffes, wie er kurz in der ersten Vorlesung erörtert wurde – schließt eine Beherrschung dieser grammatischen Prozesse ein.

In diesem grob abgesteckten Rahmen können wir versuchen, einige der Probleme zu formulieren, die der Analyse und Erklärung bedürfen. Ein Hauptproblem ergibt sich aus dem Umstand, daß die Oberflächenstruktur selbst meistens nur sehr wenige Hinweise auf die Bedeutung eines Satzes gibt. Es gibt zum Beispiel etliche Sätze, die auf eine Art zweideutig sind, wie es die Oberflächenstruktur nicht anzeigt. Man betrachte den Satz 4:

4   I disapprove of John's drinking. / Ich mißbillige Johns Trinken.*

Dieser Satz kann sich entweder auf den Umstand beziehen, daß John trinkt oder auf die Art seines Trinkens. Diese Zweideutigkeit wird auf verschiedene Weise in den Sätzen 5 und 6 aufgelöst:

---

* Die Beispielsätze werden möglichst wörtlich übersetzt. Dabei wird ein gewisser Grad an Ungrammatizität in Kauf genommen. – Anm. d. Übers.

5   I disapprove of John's drinking the beer. / Ich mißbillige Johns Biertrinken.

6   I disapprove of John's excessive drinking. / Ich mißbillige Johns übermäßiges Trinken.

Es ist sicher, daß hier grammatische Prozesse eine Rolle spielen. Es ist zu beachten, daß wir 4 nicht gleichzeitig auf beide in 5 und 6 illustrierte Arten erweitern können; das würde 7 ergeben:

7   *I disapprove of John's excessive drinking the beer.[7] / ...

Unsere internalisierte Grammatik ordnet 4 zwei verschiedene abstrakte Strukturen zu, von denen eine mit der 5 zugrunde liegende Struktur in Beziehung steht und die andere mit der Struktur, die 6 zugrunde liegt. Aber es ist die Ebene der Tiefenstruktur, auf der diese Distinktion repräsentiert wird; aufgehoben wird sie von den Transformationen, die die Tiefenstruktur in die mit 4 assoziierte Oberflächenform abbilden.

Die Prozesse, die in den Beispielen 4, 5 und 6 eine Rolle spielen, sind im Englischen durchaus üblich. So kann zum Beispiel der Satz »I disapprove of John's cooking« / »Ich mißbillige Johns Kochen« implizieren, daß ich entweder meine, seine Frau sollte kochen, oder daß ich finde, daß er zum Beispiel zuviel Knoblauch verwendet. Die Ambiguität wird auch hier dann aufgelöst, wenn wir den Satz in der Weise erweitern, wie es in 5 und 6 angezeigt ist.

Der Umstand, daß 7 abweichend ist, bedarf einer Erklärung. Die Erklärung würde in diesem Fall, auf der Ebene einer speziellen Grammatik, durch die Formulierung der grammatischen Regeln gegeben, die 5 oder 6 alternative Tiefenstrukturen zuordnen und die im jeweiligen Fall die eine aber nicht die andere Erweiterung zulassen. Wir würden dann die Ab-

---

7 Ich benutze das Sternchen in der konventionellen Weise, um einen Satz zu kennzeichnen, der in gewisser Hinsicht eine grammatische Regel verletzt.

weichung von 7 und die Ambiguität von 4 dadurch erklären, daß wir einem Sprecher, der die Sprache beherrscht, dieses Regelsystem als einen Aspekt seiner Sprachkenntnis zuschreiben. Wir könnten natürlich auch versuchen, eine tieferliegende Ebene der Erklärung zu erreichen, indem wir fragen, wie es kommt, daß jemand diese Regeln anstelle von anderen internalisiert hat, die eine andere Laut-Bedeutung-Relation und eine andere Klasse von generierten Oberflächenstrukturen (die vielleicht 7 einschließen) determinieren würden. Dies ist ein Problem der universalen Grammatik in dem zuvor beschriebenen Sinn. Um die Terminologie der Anmerkung 5 zu gebrauchen: auf der Ebene der speziellen Grammatik würde die deskriptive Adäquatheit erörtert, und auf der Ebene der universalen Grammatik würde die explanative Adäquatheit erörtert.

Es ist zu beachten, daß die internalisierten Regeln der Grammatik des Englischen in einem Fall wie dem soeben besprochenen noch weitere Konsequenzen haben. Es gibt Transformationen von großer Allgemeinheit, die, unter wohl definierten Bedingungen, die völlige oder teilweise Elidierung von wiederholten Elementen gestatten oder erfordern. Auf die Struktur 8 angewendet, leiten diese Regeln 9 ab.[8]

8   I don't like John's cooking any more than Bill's cooking. / Ich schätze Johns Kochen ebensowenig wie Bills Kochen.

9   I don't like John's cooking any more than Bill's. / Ich schätze Johns Kochen ebensowenig wie Bills.

Satz 9 ist zweideutig. Er kann entweder meinen, daß ich den Umstand, daß John kocht, ebensowenig schätze wie den Um-

---

[8] Ich werde von nun an dort, wo es nicht zur Verwirrung führt, die Klammern fortlassen, wenn ich eine Tiefen-, Oberflächen- oder intermediäre Struktur angebe. Man muß 8 und 9 so betrachten, als wiesen sie eine ihnen zugeordnete vollständige markierte Klammerung auf. Es ist zu beachten, daß 8 natürlich keine Tiefenstruktur ist, sondern vielmehr das Ergebnis der Anwendung von Transformationen auf ein einfacheres abstraktes Objekt.

stand, daß Bill kocht, oder daß ich die Qualität von Johns Kochen ebensowenig schätze wie die Qualität von Bills Kochen.[9] Er kann jedoch nicht meinen, daß ich die Qualität von Johns Kochen ebensowenig schätze wie den Umstand, daß Bill kocht, oder umgekehrt mit »Umstand« und »Qualität« in anderer Reihenfolge. Das heißt, daß wir in der zugrunde liegenden Struktur 8 die zweideutigen Phrasen »John's cooking« und »Bill's cooking« auf die gleiche Art verstehen müssen, um »cooking« elidieren zu können. Es scheint vernünftig, anzunehmen, daß hier eine generelle Bedingung über die Anwendbarkeit von Elidierungsoperationen hineinspielt, so wie jene, die 9 aus 8 ergibt, eine sehr abstrakte Bedingung, die nicht nur die Struktur betrifft, auf die sich die Operation bezieht, sondern ebenso die Ableitungsgeschichte dieser Struktur.

Es können andere Beispiele angegeben werden, wo ein ähnliches Prinzip zu wirken scheint. Man betrachte etwa den Satz 10, der vermutlich von 11 oder 12 abgeleitet wurde und daher zweideutig ist[10]:

9 Es mag noch andere Interpretationen geben, die auf anderen Ambiguitäten der Struktur »John's cooking« basieren – insbesondere die kannibalistische Interpretation und die Interpretation von »cooking« als »that which is cooked« / »das, was gekocht wird«.

10 Ich sollte betonen, daß ich mich nachlässig und ungenau ausdrücke, wenn ich davon spreche, daß ein Satz durch Transformationen von einem anderen Satz abgeleitet ist. Was ich sagen sollte, ist, daß die mit dem ersten Satz assoziierte Struktur von der Struktur abgeleitet ist, die dem zweiten Satz zugrunde liegt. So ist es in dem gerade erörterten Fall die Oberflächenstruktur von 10, die aufgrund *einer* Analyse von der abstrakten Struktur abgeleitet wurde, die, wenn sie eine andere transformationelle Entwicklung hätte, in die Oberflächenstruktur von 11 überführt werden würde. Daß Sätze nicht von anderen Sätzen abgeleitet werden, sondern vielmehr von den Strukturen, die ihnen zugrunde liegen, wurde seit den ersten Arbeiten auf dem Gebiet der transformationellen generativen Grammatik vor über fünfzehn Jahren explizit formuliert – doch eine informale Redeweise, wie die im Text, hat viele Leser irregeführt und zu einem guten Teil zu der Verwirrung in der Literatur beigetragen. Zu dieser Verwirrung kommt vielleicht noch der Umstand hinzu, daß, in einer völlig anderen Theorie transformationeller Relationen, die von Zellig Harris, Henry Hiż und anderen entwickelt wurde, transformationelle Operationen in der Tat als auf Sätze angewendet betrachtet werden. Vgl. zum Beispiel: Z. S. Harris, »Co-

10 I know a taller man than Bill. / Ich kenne einen größeren Mann als Bill.

11 I know a taller man than Bill does. / Ich kenne einen größeren Mann, als Bill es tut.

12 I know a taller man than Bill is. / Ich kenne einen größeren Mann, als Bill es ist.

Es scheint klar zu sein, daß die Ambiguität von 10 in der Oberflächenstruktur nicht repräsentiert ist; die Elidierung von »does« in 11 führt zu genau der gleichen Struktur wie die Elidierung von »is« in 12. Man betrachte jetzt jedoch Satz 13.

13 I know a taller man than Bill, and so does John. / Ich kenne einen größeren Mann als Bill, und das tut John auch.

Dieser Satz ist, wie 9, eher zweideutig als vierdeutig. Er kann die Bedeutung von 14 oder 15, nicht aber die von 16 oder 17 haben[11]:

occurrence and Transformation in Linguistic Structure«, in *Language*, Vol. 33, Nr. 3, 1957, S. 283–340, und viele spätere Publikationen.
Für mich und die meisten anderen Sprecher ist der Satz 12 abweichend. Trotzdem muß die assoziierte Struktur, die 10 aufgrund *einer* Analyse zugrunde liegt, postuliert werden, vielleicht als von der mit »I know a man who is taller than Bill is« verbundenen Struktur abgeleitet.
11 Er kann ebensowenig die Bedeutung haben »I know a taller man than Bill and John likes ice cream« / »Ich kenne einen größeren Mann als Bill, und John mag Eiscreme«. Daher muß, wenn die Tiefenstruktur die Bedeutung determiniert (insofern, als grammatische Relationen involviert sind), so etwas wie 14 oder 15 die unmittelbar zugrunde liegende Struktur von 13 sein. Es ist eine generelle Eigenschaft von Elidierungsoperationen, daß eine gewisse Art von Wiederherstellbarkeit involviert ist, eine nicht triviale Angelegenheit mit interessanten empirischen Konsequenzen. Zur Erörterung vergleiche meine Abhandlungen *Current Issues*, Abschnitt 2.2. und *Aspects*, Abschnitt 4.2.2. Auf das Problem, das sich in Beispielen wie 9 und 13 stellt, hat mich John Ross hingewiesen. Der erste Hinweis auf die Möglichkeit, daß die Ableitungsgeschichte eine Rolle bei der Bestimmung der Anwendbarkeit von Tranformationen spielen kann, findet sich bei R. B. Lees, *The Grammar of English Nominalizations* (New York: Humanities, 1960), S. 76, und zwar im Zusammenhang mit der ebenfalls von ihm zu-

14   I know a taller man than Bill does and John knows a taller man than Bill does. / Ich kenne einen größeren Mann als Bill es tut, und John kennt einen größeren Mann als Bill es tut.

15   I know a taller man than Bill is and John knows a taller man than Bill is. / Ich kenne einen größeren Mann als Bill es ist, und John kennt einen größeren Mann als Bill es ist.

16   I know a taller man than Bill is and John knows a taller man than Bill does. / Ich kenne einen größeren Mann als Bill es ist, und John kennt einen größeren Mann als Bill es tut.

17   I know a taller man than Bill does and John knows a taller man than Bill is. / Ich kenne einen größeren Mann als Bill es tut, und John kennt einen größeren Mann als Bill es ist.

Wie wir sehen, ergibt sich jedoch nun ein Problem, wenn wir die Ableitung von 13 genauer betrachten. Bezeichnen wir die Elidierungsoperation, die 10 aus 11 ergibt, als T_1 und die Elidierungsoperation, die 10 aus 12 ergibt, als T_2. Wenn wir T_1 auf jedes der beiden Konjunkte von 14 anwenden, leiten wir 18 ab:

18   I know a taller man than Bill and John knows a taller man than Bill. / Ich kenne einen größeren Mann als Bill, und John kennt einen größeren Mann als Bill.

Die Anwendung von T_2 auf jedes der Konjunkte von 15 wird ebenfalls zu 18 führen. Doch die Anwendung von T_1 auf das eine und von T_2 auf das andere Konjunkt in 16 wird ebenfalls zu 18 führen, wie es das gleiche Verfahren (in umgekehrter

erst vorgenommenen Erörterung des Problems der Identität der Konstituentenstruktur als eines Faktors zur Bestimmung der Anwendbarkeit von Transformationen.

Reihenfolge) ergibt, wenn es auf die Konjunkte von 17 angewendet wird. So kann 18 durch die Anwendung von T_1 und T_2 aus jeder der vier zugrunde liegenden Formen 14, 15, 16 oder 17 abgeleitet werden. Die Struktur von 18 zeigt selbst nicht, welche von diesen die zugrunde liegende Form ist; die Distinktion ist durch die Elidierungsoperationen T_1 und T_2 aufgehoben. Man betrachte nun jedoch die Operation T_3, die »I saw Bill and so did John« / »Ich sah Bill, und das tat auch John« aus »I saw Bill and John saw Bill« / »Ich sah Bill, und John sah Bill« ableitet. Wenn wir T_3 auf 18 anwenden, leiten wir 13 ab. Wir stellten jedoch fest, daß 13 die Interpretation von 14 oder 15, nicht aber von 16 oder 17 haben kann. So sehen wir, daß T_3 nur dann auf 18 angewendet werden kann, wenn entweder 14 oder 15, nicht aber 16 oder 17 die Struktur war, die 18 in den gegebenen Ableitungen von 18 zugrunde lag. Diese Information wird jedoch nicht, wie wir festgestellt haben, in 18 selbst repräsentiert. Deswegen müssen wir, um T_3 auf 18 anwenden zu können, etwas über die Ableitungsgeschichte von 18 wissen – wir müssen Informationen haben, die nicht in der markierten Klammerung von 18 selbst enthalten sein würden. Was wir in der Tat wissen müssen, ist, daß die beiden Konjunkte von 18 aus zugrunde liegenden Strukturen abgeleitet werden, in denen das gleiche Element elidiert wurde.[12] Wie gesagt, es scheint so, daß eine generelle Bedingung über die Anwendbarkeit von Elidierungstransformationen involviert sein muß, ein Prinzip, das irgendwie die Ableitungsgeschichte von elidierten Ketten in Rechnung stellt, vielleicht gewisse Eigenschaften der Tiefenstruktur, von der sie letztlich abgeleitet sind.

Um zu sehen, wie komplex dieses Problem ist, betrachte man solche Sätze wie »John's intelligence, which is his most remarkable quality, exceeds his prudence« / »Johns Intelligenz, die seine bemerkenswerteste Eigenschaft ist, übertrifft seine

---

[12] Wenn 18 selbst nur zweideutig ist, so taucht bereits sehr viel früher ein Problem auf. Die Unnatürlichkeit von 18 erschwert es jedoch, dieses mit einiger Sicherheit auszumachen.

Bedachtsamkeit« oder »The book, which weighs five pounds, was written by John« / »Das Buch, das fünf Pfund wiegt, wurde von John geschrieben«. Es ist anzunehmen, daß das Relativpronomen in der eingebetteten Apposition eine elidierte Nominalphrase ersetzt, und die Bedingung für Elidierung, die wir gerade erörtern, impliziert, daß diese Nominalphrase in der der Apposition zugrunde liegenden Struktur mit der vorhergehenden Nominalphrase »John's intelligence« oder »the book« identisch sein sollte. Man kann jedoch in jedem der Fälle zeigen, daß ein Unterschied zwischen der vorhergehenden Nominalphrase und der der Apposition besteht. So beziehen wir uns, im ersten Fall, im Hauptsatz auf den Grad von Johns Intelligenz, in dem eingebetteten Satz jedoch auf die Qualität seiner Intelligenz; und in dem zweiten Fall beziehen wir uns in dem Hauptsatz auf das Buch als einen abstrakten Gegenstand, jedoch in dem eingebetteten Satz als auf ein konkretes physikalisches Objekt. Man sollte erwarten, daß diese Unterschiede auf der Tiefenstruktur repräsentiert werden, was jedoch im Widerspruch zu dem Prinzip steht, das anzunehmen wir auf Grund der früheren Beispiele genötigt zu sein schienen. Ich will dies hier nicht weiter erörtern, doch der Leser wird, wenn er dieser Sache nachgeht, feststellen, daß das Problem noch komplizierter wird, wenn eine größere Klasse von Fällen betrachtet wird.

Das genaue Prinzip ist tatsächlich in Fällen wie diesen unbekannt, obwohl einige der Bedingungen, denen es genügen muß, klar sind. Das Problem, das sich bei diesen Beispielen ergeben hat, ist durchaus typisch. Genaue Beobachtung der sprachlichen Fakten deckt gewisse Eigenschaften von Sätzen auf, die mit ihrer Lautstruktur, Bedeutung, Abweichung, und so fort, zusammenhängen. Es ist sicher, daß es für diese Fakten solange keine Erklärung geben wird, wie wir uns auf vages Gerede über »Gewohnheiten«, »Fertigkeiten« und »Response-Dispositionen« oder über Satzbildung »durch Analogie« beschränken. Wir haben nicht die »Gewohnheit«, die Sätze 4, 9 und 13 auf gewisse Art zu verstehen: es ist unwahrscheinlich, daß der Leser jemals Sätze vernommen hat, die diesen sehr ähnlich sind, aber er versteht sie trotzdem auf eine sehr spezifische Weise. Sich auf die involvierten Prozesse als »Analogie« zu beziehen, heißt lediglich, dem einen Namen zu geben, was ein Geheimnis bleibt. Um solche Phänomene zu erklären, müssen wir die Regeln aufdecken, die Laut und Bedeutung in der betreffenden Sprache in Beziehung setzen – die Grammatik, die von demjenigen, der die Sprache beherrscht, internalisiert wurde – und die generellen Prinzipien, die die Organisation und Funktion dieser Regeln determinieren.

Der irreführende und unzulängliche Charakter der Oberflächenstruktur wird schon bei der Untersuchung der einfachsten *patterns* evident. Man betrachte zum Beispiel Satz 19 – wiederum ein künstlich vereinfachtes Beispiel:

19 John was persuaded to leave. / John wurde überredet, fortzugehen.

Aus der Tiefenstruktur, die diesem Satz zugrunde liegt, muß hervorgehen, daß die Subjekt-Prädikat-Relation in einer zugrunde liegenden Proposition der Form von 20 vorliegt (wobei grammatische Funktionen in der zuvor vorgeschlagenen Art repräsentiert werden), und daß die Verb-Objekt-Relation in einer zugrundeliegenden Proposition der Form von 21 vorliegt:

20

$$\left[_S \left[_{NP} \text{John}\right] _{NP} \left[_{VP} \text{leave}\right] _{VP}\right]_S$$

21

$$\left[_S \left[_{NP} \ldots \right] _{NP} \left[_{VP} \text{persuade} \left[_{NP} \text{John}\right] _{NP} \right]_{VP}\right]_S$$

Demnach wird in 19 »John« als das Subjekt von »leave« und als das Objekt von »persuade« aufgefaßt, und diese Fakten sind genau mit der Tiefenstruktur ausgedrückt, die 19 zugrunde liegt, wenn diese Tiefenstruktur die Propositionen verkörpert, die als 20 und 21 informal repräsentiert sind. Obwohl sich die Tiefenstruktur aus solchen Propositionen zusammensetzen muß, wenn der zuvor grob skizzierte Ansatz richtig ist, so findet sich von ihnen in der Oberflächenstruktur der Äußerung keine Spur. Die verschiedenen Transformationen, die 19 hervorbringen, haben das System von grammatischen Relationen und Funktionen, die die Bedeutung des Satzes determinieren, vollständig gelöscht.

Dieser Sachverhalt wird noch augenscheinlicher, wenn wir die Vielfalt der Sätze betrachten, die 19 oberflächlich gesehen ähnlich zu sein scheinen, die sich jedoch sehr durch die Art, wie sie verstanden werden, und durch die formalen Operationen, die auf sie angewendet werden, unterscheiden. Angenommen, »persuaded« in 19 wird durch eines der folgenden Wörter ersetzt[13]:

22   expected/erwartet, hired/angestellt, tired/ermüdet, pleased/zufriedengestellt, happy/glücklich, lucky/glücklich, eager/eifrig, certain/sicher, easy/leicht.

Mit »expected« anstelle von »persuaded« würde der Satz ungefähr bedeuten, daß der Umstand, daß John fortgehen würde, erwartet wurde; aber es ist unmöglich, von dem Umstand zu sprechen, daß Johns Fortgehen überredet worden sei. Mit »hired« hat der Satz eine völlig andere Bedeutung, ungefähr die, daß der Zweck von Johns Anstellung der wäre, fortzugehen – eine Interpretation, die verständlicher wird, wenn wir »leave« durch eine Phrase wie »fix the roof« / »das Dach ausbessern« ersetzen. Wenn »tired« eingesetzt wird, leiten wir einen ungrammatischen Satz ab; er wird ein gram-

---

[13] Zur Erörterung solcher Strukturen vgl.: R. B. Lees, »A Multiple Ambiguous Adjectival Construction in English«, in *Language*, Vol. 36, Nr. 2, 1960, S. 207–21.

matischer Satz, wenn »too tired« / »zu ermüdet« »persuaded« ersetzt, womit der Satz nun besagt, daß John nicht fortging. Das Wort »pleased« ist wieder anders. In diesem Fall können wir »too pleased« haben, was meint, daß John nicht fortging, aber wir können den Satz auch so erweitern: »John was too pleased to leave to suit me« / »John war zu froh, fortzugehen, um es mir recht zu machen«, was in den vorausgegangenen Fällen nicht möglich ist. »Happy« verhält sich ähnlich wie »pleased«, obwohl man entgegenhalten könnte, daß die Verb-Objekt-Relation zwischen »please« und »John« besteht. Der Satz »John was lucky to leave« wird wieder auf andere Weise interpretiert. Er bedeutet ungefähr, daß es ein Glück für John war, fortzugehen, eine Interpretation, die in den vorausgegangenen Fällen nicht möglich ist; darüber hinaus können wir Sätze bilden wie »John was a lucky fellow to leave (so early)« / »John war ein glücklicher Bursche, (so früh) gehen zu können«, doch keines der vorausgegangenen Beispiele kann »lucky« in solchen Sätzen ersetzen. »John was eager to leave« / »John war begierig, fortzugehen« unterscheidet sich von den vorausgegangenen Fällen dadurch, daß er formal mit solchen Ausdrücken wie »John was eager for Bill to leave« / »John war begierig, daß Bill geht« und »John's eagerness (for Bill) to leave« / »Johns Begierde zu gehen (Johns Begierde, daß Bill geht)« zu verbinden ist. »John was certain to leave« / »John war sicher, fortzugehen« kann als »it was certain that John would leave« / »es war sicher, daß John fortgehen würde« paraphrasiert werden; von den anderen Beispielen kann lediglich »expected« in dieser Weise interpretiert werden, doch »expected« unterscheidet sich offensichtlich von »certain« in vielfacher anderer Hinsicht – zum Beispiel steht es in einem Satz wie »They expected John to leave« / »Sie erwarteten, daß John geht«. Das Wort »easy« ist natürlich gänzlich anders; in diesem und nur in diesem Fall besteht die Verb-Objekt-Relation zwischen »leave« und »John«.

Kurz, es ist sicher, daß die Oberflächenstruktur oftmals irreführend und wenig informativ ist und daß unsere Sprachkenntnis Eigenschaften einer viel abstrakteren Natur involviert, die nicht direkt der Oberflächenstruktur zu entnehmen sind. Ferner zeigen schon solch künstlich vereinfachte Beispiele wie diese, wie hoffnungslos es sein würde, der Sprachkompetenz mit Begriffen gerecht werden zu wollen wie »Gewohnheiten«, »Dispositionen«, »*knowing how*« und anderen Begriffen, die mit der Verhaltensforschung zusammenhängen, wie diese Forschung, völlig ohne Rechtfertigung, in den letzten Jahren umschrieben wurde.

Sogar auf der Ebene der Lautstruktur gibt es Anzeichen dafür, daß in den im Sprachgebrauch involvierten mentalen Operationen abstrakte Repräsentationen gebildet und gehandhabt werden. Auf diesem Gebiet haben wir, mehr als auf irgendeinem anderen, ein genaueres Verständnis der Natur linguistischer Repräsentationen und der schwierigen Bedingungen der Anwendung von Regeln. Die Untersuchungen der Lautstruktur, die in den letzten Jahren durchgeführt wurden, scheinen mir sichere Indizien für eine Bestätigung der Ansicht geliefert zu haben, daß die Form einer speziellen Grammatik auf höchst signifikante Weise durch einen restriktiven Schematismus determiniert wird, der die Wahl der relevanten phonetischen Eigenschaften ebenso spezifiziert wie die Art der Regeln, die die Oberflächenstruktur mit einer phonetischen Repräsentation verbinden können, und die Bedingungen der Organisation und Anwendung dieser Regeln. Sie stehen somit in enger Beziehung zu der generellen Thematik, die ich in der ersten Vorlesung erörterte, einer Thematik, der ich mich im Folgenden in Hinblick auf die Frage wieder zuwenden werde, wie von diesem restriktiven universalen Schematismus beim Spracherwerb Gebrauch gemacht wird. Darüber hinaus sind diese Untersuchungen der Lautstruktur – insofern sie den Schluß nahelegen, daß abstrakte phonologische Strukturen durch streng organisierte und komplizierte Regelsysteme determiniert werden – relevant für das sehr interessante Problem, wie empirisch adäquate Performanz-Modelle zu entwickeln sind. Sie deuten darauf hin, daß jegliche derzeitige Behandlung des Problems der Perzeption und der Organisation des Verhaltens es versäumt, hinreichend Tiefe und Komplexität jenen mentalen Prozessen zuzuschreiben, die in jedem Modell repräsentiert werden müssen, mit dem versucht wird, die empirischen Phänomene in Angriff zu nehmen. Aus Platzgründen ist die weitere Entfaltung dieser Thematik nicht möglich, und zwar weder in Hinblick auf die phonologische Struktur noch in Hinblick auf ihre mögliche Tragweite für die kognitive Psychologie.[14] Jedoch soll ein einfaches illustratives Beispiel, das durchaus charakteristisch ist, eine gewisse Vorstellung von der Natur der verfügbaren Daten und von den Schlußfolgerungen vermitteln, die sie nahelegen.

Es sei daran erinnert, daß die syntaktischen Regeln der Sprache eine unendliche Menge von Oberflächenstrukturen generieren; jede dieser Strukturen ist eine Kette von minimalen Elementen mit markierter Klammerung, wie in 2, wo wir als minimale Elemente die Einheiten *a, wise, man, is, honest* ansehen können. Jede dieser Einheiten kann selbst wieder als eine Kette von Segmenten repräsentiert werden, *man* zum Beispiel als die Kette der Segmente /m/, /æ/, /n/. Jedes dieser Segmente kann nun wiederum als eine Menge spezifizierter Merkmale betrachtet werden; so steht /m/ für den Merkmalkomplex [+ konsonantisch], [— vokalisch], [+ nasal], und so weiter. Der segmentelle Aufbau einer Einheit wird durch eine Lexikoneintragung gegeben – durch eine Charakterisierung der inhärenten phonetischen, semantischen und syntaktischen Eigenschaften der betreffenden Einheit. Das Lexikon der Sprache ist die Menge

---

14 Zur Erörterung dieser Thematik vgl. meinen Artikel »Some General Properties of Phonological Rules«, in *Language*, Vol. 47, Nr. 1, 1967. Zur weiteren und eingehenderen Erörterung der phonologischen Theorie und ihrer Anwendung auf das Englische mit Beispielen von vielen Sprachen und zu einer Erörterung der Entwicklung des englischen Lautsystems, vgl. N. Chomsky und M. Halle, *The Sound Pattern of English* (New York: Harper & Row, 1968). Das Beispiel im Text wird im Kontext eines allgemeineren Systems von Regeln und Prinzipien im Kapitel 4, Abschnitt 4 von *The Sound Pattern of English* detailliert erörtert. Vgl. P. Postal, *Aspects of Phonological Theory* (New York: Harper & Row, 1968) zur allgemeinen Darlegung vieler verwandter Themen, zusammen mit einer kritischen Analyse von alternativen Vorschlägen zur Untersuchung der Lautstruktur.

solcher Lexikoneintragungen, vielleicht mit einer zusätzlichen Struktur, die uns hier nicht weiter zu beschäftigen braucht. Wir befassen uns nun lediglich mit den phonetischen Eigenschaften der Lexikoneintragung.

Die Lexikoneintragung einer Einheit muß genau die Eigenschaften spezifizieren, die idiosynkratisch sind, die also nicht durch linguistische Regeln determiniert werden. So muß beispielsweise die Lexikoneintragung für *man* ausdrücken, daß das zweite Segment ein tiefer Vordervokal ist, aber der Grad der Gespanntheit dieses Vokals, seiner Diphthongierung, Nasalierung und so fort, braucht in der Lexikoneintragung nicht aufgeführt zu werden, da das Gegenstand genereller Regeln ist, die zum Teil für verschiedene Dialekte des Englischen, zum Teil für alle englischen Dialekte gelten und zum Teil eine Angelegenheit der universellen Phonologie sind. Die Lexikoneintragung für *man* muß gleichfalls ausdrücken, daß es einen irregulären Plural bildet, mit der Vokalverschiebung von tief zu mittel. Die Segmente der Lexikoneintragung sind abstrakt in dem Sinne, daß die phonologischen Regeln einer Sprache sie häufig auf vielfältige Art modifizieren und vervollkommnen; daher brauchen im allgemeinen die Lexikoneintragung und die aktuale phonetische Repräsentation nicht Punkt für Punkt übereinzustimmen. Bei der Erörterung von Beispielen werde ich die phonetischen Symbole auf die übliche Weise verwenden, jedes betrachtet als einen Komplex einer gewissen Menge von Merkmalen. Ich werde das Symbol / / verwenden, um lexikalische Repräsentationen abzugrenzen, und das Symbol [ ], um all die Repräsentationen abzugrenzen, die von lexikalischen Repräsentationen durch Anwendung phonologischer Regeln abgeleitet werden, eingeschlossen insbesondere die letzte phonetische Repräsentation, die durch Anwendung der gesamten Menge der phonologischen Regeln abgeleitet wurde.

Man betrachte zunächst solche Wörter wie *sign-signify, paradigm-paradigmatic* und so fort. Aus Gründen, die im Fortgang der Untersuchung deutlicher werden, müssen sie in diesem Fall für die abgeleiteten Formen gehalten werden, die in sehr enger

Beziehung zu der zugrunde liegenden abstrakten lexikalischen Repräsentation stehen. Angenommen, wir schreiben den Stämmen in diesen Formen versuchsweise die lexikalischen Repräsentationen /sign/ und /pærædigm/ zu, wobei den Symbolen ihre übliche phonetische Interpretation zukommt. Dann wird das zugrundeliegende Element /sign/ phonetisch als [sign] vor -*ify* realisiert. Es wird jedoch phonetisch als [sayn] realisiert, wenn es isoliert steht. Eine ähnliche Beobachtung gilt für *paradigm*.

Isoliert sind die Formen *sign* und *paradigm* durch gewisse phonologische Regeln determiniert, die, wenn sie gemeinsam operieren, bewirken, daß die Repräsentation /ig/ in [ay] überführt wird, wenn ein wortauslautender Nasal folgt. Eine genaue Analyse der englischen Phonologie zeigt, daß dieser Prozeß in eine Folge von Schritten zerlegt werden kann, eingeschlossen die folgenden (wobei der zweite und dritte in der Tat eine weitere Analyse erfordert):

23 a. ein Velar wird vor wortauslautendem Nasal zu einem Kontinuanten
b. Vokal + velarer Kontinuant wird zum gespannten Vokal
c. /ī/ wird zu [ay] (wobei /ī/ das [i] korrespondierende gespannte Segment ist)

Wenn man diese Regeln auf das zugrunde liegende isolierte /sign/ anwendet, erhält man durch **23 a** zunächst [siγn] (wobei [γ] der velare Kontinuant ist); sodann durch **23 b** [sīn]; und schließlich durch **23 c** [sayn].

Die Regeln **23 a** und **23 b** sind von geringem Interesse, **23 c** gehört jedoch zu einem sehr generellen System von Regeln der »Vokalverschiebung«, das eine zentrale Rolle in der englischen Phonologie spielt. Es gibt zum Beispiel gewichtige Gründe für die Annahme, daß der den Formen *divine-divinity* zugrunde liegende Stamm /divīn/ ist, wobei das Segment /ī/ vor -*ity* zu [i] abgeschwächt wird und in Isolation durch Regel **23 c** zu [ay] wird. Gleichfalls leitet sich *reptile* von einem zugrunde liegenden /reptīl/ ab, das in Isolation durch Regel 23 c zu [reptayl] wird und vor *-ian* zu [reptil], und zwar mit der gleichen Vokalverkürzung, die bei *divinity* stattfindet; gleiches gilt für viele andere Fälle.

Man betrachte nun Wörter wie *ignite-ignition, expedite-expeditious* und *contrite-contrition*. So wie wir *reptile* und *divine* durch Vokalverschiebung von /reptīl/ und /divīn/ ableiten, so können wir das erste Glied von jedem dieser Paare aus /ignīt/, /expedīt/ und /contrīt/ ableiten. Die Regel, die angewendet die phonetische Realisierung ergibt, ist die Regel 23 c, ein Spezialfall des generellen Vokalverschiebungsprozesses. Offensichtlich ist das zweite Glied eines jeden Paares durch solche Prozesse wie 24 und 25 abgeleitet:

24 Vokale werden vor -ion, -ious, -ian, -ity, und so fort, zu ungespannten Vokalen.
25 Das Segment /t/ wird als [š] realisiert, wenn ein hoher Vordervokal folgt.

Die erste dieser Regeln ist die, die [divin] aus /divīn/ in *divinity* und [reptil] aus /reptīl/ in *reptilian* ergibt. Ebenfalls ergibt sie [ignit] aus /ignīt/ in *ignition*, [expedit] aus /expedīt/ in *expeditious* und [contrit] aus /contrīt/ in *contrition*. Es gibt klarerweise eine zugrunde liegende Generalisierung, nämlich die, daß vor einem unbetonten Vokal, der nicht die Auslautsilbe bildet, ein Vokal zu einem ungespannten Vokal wird; diese Regel bildet, wenn sie genau formuliert ist, zusammen mit der der Vokalverschiebung und einigen anderen den zentralen Teil des phonologischen Systems des Englischen.

Die zweite Regel, 25, wird auf das Element /ti/ in /ignition/, /expeditious/ und /contrition/ angewendet und ersetzt dieses durch [š] und ergibt schließlich die phonetische Realisierung [ignišən], [ekspədišəs], [kəntrišən], und zwar nach Anwendung derjenigen Regel, die unbetonte Vokale auf [ə] reduziert. Kurz, die Segmente, die in *ignite, expedite* und *contrite* als [ayt] realisiert werden, werden in *ignition, expeditious* und *contrition* als [iš] realisiert.

Doch nun betrachte man die Wörter *right-righteous*, phonetisch [rayt]-[rayčəs]. Die letztere Form scheint vom Normalfall in zweierlei Hinsicht abzuweichen, nämlich in der Vokalqualität (wir würden, gemäß Regel 24, eher [i] als [ay] erwarten) und im Endkonsonanten des Stammes (wir würden, gemäß Regel 25, eher [š] als [č] erwarten). Wenn *right* Gegenstand des gleichen Prozesses wie *expedite* wäre, würden wir [rišəs] anstelle von [rayčəs] als die phonetische Realisierung erhalten, analog zu [ekspədišəs]. Worin besteht die Erklärung für diese zweifache Abweichung?

Zunächst ist festzustellen, daß die Regel 25 nicht ganz exakt ist; es gibt tatsächlich andere Fälle, in denen /ti/ als [č] anstelle von [š] realisiert wird, zum Beispiel in *question* [kwečən], im Gegensatz zu *direction* [dərekšən]. Eine genauere Formulierung von 25 würde 26 sein:

26 /t/ gefolgt von einem hohen Vordervokal wird nach einem Kontinuanten als [č] und sonst als [š] realisiert.

Wenden wir uns wieder der Form *right* zu, so sehen wir, daß der Endkonsonant korrekt als [č] anstelle von [š] determiniert wird, falls ihm in der zugrunde liegenden Repräsentation ein Kontinuant vorausgeht – das heißt, falls die zugrunde liegende Repräsentation /riφt/ ist, wobei φ irgendeinen Kontinuanten darstellt. Der Kontinuant φ muß ferner von jedem der Kontinuanten verschieden sein, die phonetisch in concreto in dieser Position auftreten, nämlich den dentalen, labialen oder palatalen Kontinuanten in dem nicht kursivierten Teil von *wrist*, *rift* oder *wished*. Wir müssen also annehmen, daß φ der velare Kontinuant /x/ ist, der phonetisch natürlich nicht im Englischen erscheint. Die zugrunde liegende Form würde dann also /rixt/ sein.

Betrachten wir nun die Ableitung von *right*. Durch Regel 23 b wird die Repräsentation /rixt/ zu [rīt]. Durch Regel 23 c wird die Repräsentation /rīt/ zu [rayt], was die phonetische Realisierung von *right* ist.

Betrachten wir als nächstes die Ableitung von *righteous*. Vorausgesetzt, es hat das gleiche Affix wie *expeditious* und *repetitious*, so können wir es lexikalisch als /rixtious/ repräsentieren (ich beschäftige mich hier nicht mit der korrekten Repräsentation von -*ous*). Nehmen wir an, daß die Ordnung der bisher genannten Regeln folgende ist: **23 a, 24, 26, 23 b, 23 c**. Diese Ordnung steht mit anderen relevanten Fakten des Englischen im Einklang, wobei gewisse Vereinfachungen in Hinblick auf eine bequemere Darstellung vorausgesetzt werden. Die Regel **23 a** ist nicht anwendbar, und die Regel **24** ist irrelevant, soll sie auf die zugrunde liegende Form /rixtious/ angewendet werden. Wenn wir uns der Regel **26** zuwenden, sehen wir, daß sie die Form [rixčous] herstellt. Die Anwendung der Regel **23 b** ergibt [rīčous], die Anwendung der Regel **23 c** ergibt [rayčous], das durch Reduktion des unbetonten Vokals zu [rayčəs] wird. So wird durch die Regeln **26** und **23**, die unabhängig voneinander motiviert sind, die zugrunde liegende Repräsentation /rixt/, wenn sie isoliert vorliegt, phonetisch als [rayt] realisiert und als [rayč] in *righteous*, genau wie gefordert.

Diese Fakten nötigen zu der Annahme, daß die zugrunde liegende phonologische Repräsentation /rixt/ sein muß (in Übereinstimmung mit der Orthographie und natürlich der Geschichte). Eine Folge von Regeln, die aus anderen Gründen in der Grammatik enthalten sein muß, bringt die Alternation *right-righteous*. Deshalb ist diese Alternation keineswegs eine Ausnahme, sondern vielmehr vollkommen regulär. Natürlich ist die zugrunde liegende Repräsentation ziemlich abstrakt; sie wird mit der oberflächlichen phonetischen Form des Signals lediglich durch eine Folge von interpretativen Regeln verbunden.

Um diese Angelegenheit anders anzugehen: angenommen, jemand ist des Englischen mächtig, kennt jedoch zufällig nicht die Vokabel *righteous*. Hört er diese Form zum erstenmal, so muß er sie in das von ihm erworbene System einfügen. Wenn er mit der abgeleiteten Form [rišəs] konfrontiert würde, würde er natürlich die zugrunde liegende Repräsentation genauso auffassen wie die von *expedite, contrite* und so weiter. Hört er jedoch [rayčəs], so weiß er, daß eine solche Repräsentation unmöglich ist; obwohl die konsonantische Distinktion [š]-[č] unter den üblichen Bedingungen des Sprachgebrauchs leicht überhört werden kann, würde die vokalische Distinktion [i]-[ay] sicherlich deutlich sein. Wenn er die Regeln des Englischen kennt und das vokalische Element [ay] anstelle von [i] hört, so weiß er, daß die Form entweder eine einmalige Ausnahme ist, oder daß sie eine Sequenz /i/, gefolgt von einem Velar, enthält und Gegenstand der Regel 26 ist. Der Velar muß ein Kontinuant sein[15], nämlich /x/. Doch wenn man voraussetzt, daß der Velar ein Kontinuant ist, so folgt, wenn die Form regulär ist (und das ist immer die Nullhypothese), nach Regel 26, daß der Konsonant [č] sein muß und nicht [š] sein darf. So würde der Hörer eher [rayčəs] als [rayšəs] vernehmen, auch wenn die Information über den mittleren Konsonanten in dem empfangenen Signal fehlt. Ferner würde der Zwang, die Regularität der Alternationen beizubehalten, dazu führen, daß die oberflächliche Analogie zu *expedite-expeditious* und *igniti-ignition* blockiert wird und daß [č] als die phonetische Realisierung des zugrunde liegenden /t/ solange beibehalten wird, wie [ay] anstelle des erwarteten [i] auftritt, genauso, wie es nach unseren Beobachtungen der Fall ist.

Ich verstehe dieses natürlich nicht als eine genaue schrittweise Erklärung dafür, wie die Form erlernt wird, sondern vielmehr als eine mögliche Erklärung dafür, daß die Form sich einer oberflächlichen (und in der Tat falschen) Analogiebildung entzieht und ihren Status bewahrt. Wir können die Wahrnehmung des [č]-[š]-Kontrastes in *righteous-expeditious* und dessen Bewahrung in der Grammatik auf der Basis der beobachteten Unterscheidung zwischen [ay] und [i] und der Kenntnis eines gewissen Regelsystems erklären. Die Erklärung beruht auf der

15 Falls es sich um einen Nichtkontinuanten handelt, so müßte er stimmlos sein, das heißt /k/, denn es gibt, aufgrund einer generellen Regel, keine stimmlos-stimmhaften Konsonanten-Kombinationen in Endposition. Es kann sich jedoch nicht um /k/ handeln, da /k/ in dieser Position verbleibt (zum Beispiel »direct«, »evict«, und so fort).

Annahme, daß die zugrunde liegenden Repräsentationen ziemlich abstrakt sind, und die genannten Belege lassen vermuten, daß diese Annahme tatsächlich richtig ist.

Ein einzelnes Beispiel kann kaum überzeugen. Eine sorgfältige Untersuchung der Lautstruktur zeigt jedoch, daß es eine ganze Reihe von Beispielen dieser Art gibt und daß, im allgemeinen, hochgradig abstrakte zugrunde liegende Strukturen zu der phonetischen Repräsentation vermittels einer langen Folge von Regeln in Beziehung gesetzt werden, ebenso wie auf der syntaktischen Ebene abstrakte Tiefenstrukturen im allgemeinen vermittels einer langen Folge von grammatischen Transformationen zu Oberflächenstrukturen in Beziehung gesetzt werden. Wenn wir die Existenz von abstrakten mentalen Repräsentationen und interpretativen Operationen dieser Art annehmen, können wir ein überraschendes Maß an Organisation finden, das dem zugrunde liegt, was oberflächlich als eine chaotische Anordnung von Daten erscheint, und in gewissen Fällen können wir ebenfalls erklären, warum sprachliche Ausdrücke gehört, gebraucht und auf bestimmte Art verstanden werden. Man kann nicht hoffen, die zugrunde liegenden abstrakten Formen oder die Prozesse, die sie mit Signalen in Relation setzen, durch Introspektion auszumachen. Es besteht weiterhin kein Grund, warum man diese Konsequenz in irgendeiner Weise überraschend finden sollte.

Die oben skizzierte Erklärung betrifft eher die Ebene der speziellen als die der universalen Grammatik, gemäß der zuvor formulierten Unterscheidung. Das heißt, daß wir ein gewisses Phänomen auf der Basis der Annahme erklärt haben, daß gewisse Regeln in der internalisierten Grammatik auftreten, die zum größten Teil unabhängig voneinander motiviert sind. Natürlich gehen auch Aspekte der universalen Grammatik in diese Erklärung ein, insofern sie die Wahl der Grammatik auf der Basis der Daten tangieren. Dieses Ineinandergreifen ist, wie zuvor bemerkt, unvermeidlich. Es gibt allerdings Fälle, in denen unzweifelhaft der universalen Grammatik angehörende Prinzipien direkter und eindeutiger in das Erklärungsschema eingehen. So deckt die Untersuchung der Lautsysteme bestimmte sehr generelle und zum Teil durchaus bemerkenswerte Organisationsprinzipien auf, die die phonologischen Regeln beherrschen (vergleiche die Hinweise in Anmerkung 14). Es hat sich beispielsweise herausgestellt, daß gewisse phonologische Regeln zyklisch operieren, auf eine Art, die durch die Oberflächenstruktur determiniert wird. Es sei daran erinnert, daß die Oberflächenstruktur mit einer markierten Klammerung der Äußerung, so wie in 2, repräsentiert werden kann. Im Englischen operieren die sehr komplizierten phonologischen Regeln, die die Akzentuierung und die Vokalreduktion determinieren, auf Phrasen, die in der Oberflächenstruktur durch Klammerpaare eingeschlossen sind, wobei sie zunächst auf eine kleinste Phrase dieser Art angewendet werden, sodann auf die nächst größere Phrase und so fort, bis der maximale Bereich des phonologischen Prozesses erreicht ist (in einfachen Fällen der Satz selbst). So werden, im Fall von 2, die Regeln auf die einzelnen Wörter angewendet (die in einer vollständigen Beschreibung Kategorien zugeordnet und daher eingeklammert werden), sodann auf die Phrasen *a wise man* und *is honest* und schließlich auf den ganzen Satz. Wenige einfache Regeln werden sehr unterschiedliche Ergebnisse bringen, in dem Maße, in dem die Oberflächenstrukturen variieren, die ihre zyklische Anwendung determinieren.

Einige einfache Resultate des Prinzips der zyklischen Anwendung werden durch solche Formen illustriert wie die in 27:

27 a. *relaxation, emendation, elasticity, connectivity*
    b. *illustration, demonstration, devastation, anecdotal*

Die nicht kursiv gedruckten Vokale in 27 b werden zu [ə] reduziert, doch in 27 a bewahren sie ihre ursprüngliche Qualität. In einigen Fällen können wir die ursprüngliche Qualität der reduzierten Vokale in 27 b aus anderen abgeleiteten Formen bestimmen (zum Beispiel *illustrative, demonstrative*). Die Beispiele in 27 a unterscheiden sich von denen in 27 b morphologisch darin, daß die ersteren von zugrunde liegenden

Formen (nämlich *relax, emend, elastic, connective*) abgeleitet sind, die den Hauptakzent auf dem nicht kursiv gedruckten Vokal tragen, wenn diese zugrunde liegenden Formen isoliert auftreten; die in **27 b** haben diese Eigenschaft nicht. Es ist nicht schwierig zu zeigen, daß die Vokalreduktion im Englischen, der Ersatz eines Vokals durch [ə], von dem Fehlen des Akzents abhängig ist. Wir können somit den Unterschied zwischen **27 a** und **27 b** durch die Annahme des soeben formulierten zyklischen Prinzips erklären. Im Fall von **27 a** wird der Akzent im ersten, innersten Zyklus durch generelle Regeln den nicht kursiv gedruckten Vokalen zugeordnet. Im nächsten Zyklus wird der Akzent verlagert[16], doch der abstrakte Akzent, der durch den ersten Zyklus zugeordnet wird, reicht aus, um den Vokal vor der Reduktion zu bewahren. Bei den Beispielen in **27 b** ordnen frühere Zyklen niemals einen abstrakten Akzent dem nicht kursiv gedruckten Vokal zu, der somit reduziert wird. Es ist zu beachten, daß es ein *abstrakter* Akzent ist, der den Vokal vor der Reduktion bewahrt. Der aktuale phonetische Akzent auf den nicht kursiv gedruckten nichtreduzierten Vokalen ist sehr schwach; es würde, nach üblicher Konvention, der Akzent 4 sein. Im allgemeinen werden Vokale mit diesem schwachen phonetischen Akzent reduziert, in diesem Fall jedoch verhindert der abstrakte Akzent, der in dem früheren Zyklus zugeordnet wurde, die Reduktion. Es ist somit die abstrakte zugrunde liegende Repräsentation, die die phonetische Form determiniert, wobei der abstrakte Akzent die führende Rolle spielt, der dann in der phonetischen Form praktisch eliminiert ist.

In diesem Fall können wir für einen bestimmten Aspekt der Perzeption und der Artikulation eine Erklärung vermittels eines sehr generellen Prinzips liefern, nämlich des Prinzips der zyklischen Anwendung von Regeln, wie es auf Seite 76 aufge-

---

16 In »connectivity« wird der Akzent während des dritten Zyklus verlagert. Der zweite Zyklus ordnet den Akzent lediglich wieder derselben Silbe zu, die beim ersten Zyklus betont wurde.

führt wurde. Es ist schwierig, sich vorzustellen, wie derjenige, der eine Sprache erlernt, dieses Prinzip durch »Induktion« aus den Daten ableiten soll, die ihm vorgelegt werden. In der Tat stehen viele der Auswirkungen dieses Prinzips in Relation zur Perzeption und weisen unter normalen Bedingungen des Sprachgebrauchs wenig oder keine Analogie zum physikalischen Zeichen selbst auf, so daß die Phänomene, auf die sich die Induktion zu gründen hätte, nicht Teil der Erfahrung von jemandem sein können, der nicht schon von diesem Prinzip Gebrauch macht. Es gibt tatsächlich kein Verfahren der Induktion oder Assoziation, das irgendwie hoffen ließe, von solchen Daten, wie sie zur Verfügung stehen, zu einem Prinzip dieser Art zu gelangen (es sei denn, man geht von falschen Voraussetzungen aus und führt dieses Prinzip der zyklischen Anwendung auf irgendeine Art in die »Induktionsprozeduren« ein). Demnach scheint der Schluß gesichert, daß das Prinzip der zyklischen Anwendung von phonologischen Regeln ein angeborenes Organisationsprinzip der universalen Grammatik ist, das gebraucht wird, um den Charakter der Spracherfahrung zu determinieren und um eine Grammatik zu konstruieren, die die erworbene Sprachkenntnis konstituiert. Gleichzeitig bietet dieses Prinzip der universalen Grammatik eine Erklärung für solche Phänomene, wie wir sie in 27 fetgehalten haben.

Es spricht einiges dafür, daß ein ähnliches Prinzip der zyklischen Anwendung auch auf der syntaktischen Ebene angewendet wird. John Ross gab eine scharfsinnige Analyse einiger Aspekte der englischen Pronominalisierung, die das illustriert[17]. Nehmen wir an, daß die Pronominalisierung einen Prozeß der »Elidierung« involviert, analog zu solchen Prozessen, die zuvor im Zusammenhang mit den Beispielen 8–18 erörtert wurden. Wie sich in einer ersten Annäherung sagen läßt, ersetzt dieser Prozeß eine von zwei identischen Nominal-

---

17 J. Ross, »On the Cyclic Nature of English Pronominalization«, in *To Honor Roman Jakobson* (New York: Humanities, 1967).

phrasen durch ein passendes Pronomen. So wird die zugrunde liegende Struktur **28** durch Pronominalisierung in **29** überführt.

28   John learned that John had won. / John erfuhr, daß John gewonnen hatte.

29   John learned that he had won. / John erfuhr, daß er gewonnen hatte.

Sehen wir von den Eigenschaften in **28** ab, die in diesem Zusammenhang nicht wichtig sind, so können wir **28** in der Form **30** darstellen, wobei x und y die identischen Nominalphrasen sind und y die pronominalisierte Nominalphrase ist und die Klammern Ausdrücke, in diesem Fall Sätze, einschließen.

30 $[\ldots x \ldots [\ldots y \ldots]]$

Es ist zu beachten, daß wir **31** nicht durch Pronominalisierung aus **28** bilden können[18]:

31   He learned that John had won. / Er erfuhr, daß John gewonnen hatte.

Das heißt, das wir in dem Fall, der nach den Konventionen von **30** als **32** zu repräsentieren wäre, keine Pronominalisierung haben können:

32 $[\ldots y \ldots [\ldots x \ldots]]$

Als nächstes betrachte man die Sätze in **33**:

33   a. That John won the race surprised him. / Daß John das Rennen gewann, überraschte ihn.

$[[\ldots x \ldots] \ldots y \ldots]$

---

[18] Natürlich ist **31** ein Satz, doch »he« bezieht sich in dem Satz nicht auf John wie in **29**. Demnach wird **31** nicht durch Pronominalisierung gebildet, wenn das zweimalige Vorkommen von »John« unterschiedliche Referenz-Beziehungen ausdrücken soll. Wir schalten diesen Fall aus der Erörterung hier aus. Zu einigen Bemerkungen, die dieses Problem berühren, vgl. meine Abhandlung *Aspects*, S. 144–47.

b. John's winning the race surprised him. / Johns Gewinnen des Rennens überraschte ihn.

$$[\;[\ldots x \ldots] \ldots y \ldots]$$

c. That he won the race surprised John. / Daß er das Rennen gewann, überraschte John.

$$[\;[\ldots y \ldots] \ldots x \ldots]$$

d. His winning the race surprised John. / Sein Gewinnen des Rennens überraschte John.

$$[\;[\ldots y \ldots] \ldots x \ldots]$$

Wir behielten die gleichen Konventionen bei und repräsentierten die Formen für jeden Fall auf der rechten Seite. Wenn wir zusammenfassen, sehen wir, daß von den möglichen Fällen 30, 32, 33a, b und 33c, d alle die Pronominalisierung gestatten – mit Ausnahme von 32. Diese Bemerkungen betreffen die spezielle Grammatik des Englischen.

Neben 33d haben wir auch den Satz 34:

34 Winning the race surprised John. / Das Gewinnen des Rennens überraschte John.

Im Rahmen der von uns durchweg vorausgesetzten Konzeption muß 34 von der Struktur »John's winning the race surprised John« / »Johns Gewinnen des Rennens überraschte John« abgeleitet werden. Deshalb kann in diesem Fall die Pronominalisierung eine vollständige Elidierung sein.

Man betrachte nun die Sätze 35 und 36:

35 Our learning that John had won the race surprised him. / Unsere Erfahrung, daß John das Rennen gewonnen hatte, überraschte ihn.

36 Learning that John had won the race surprised him. / Die Erfahrung, daß John das Rennen gewonnen hatte, überraschte ihn.

Der Satz 35, aber nicht der Satz 36, kann so verstanden werden, daß sich »him« auf John bezieht. Demnach kann 35 durch Pronominalisierung von 37 abgeleitet werden, doch 36 ist nicht von 38 abgeleitet:

37 $\left[\begin{array}{l}\left[\text{Our learning}\right.\\ \left[\text{that John had won the race}\right]\end{array}\right]$ surprised John.

38 $\left[\begin{array}{l}\left[\text{John's learning}\right.\\ \left[\text{that John had won the race}\right]\end{array}\right]$ surprised John.

Was könnte die Erklärung für dieses Phänomen sein? Wie Ross feststellt, kann es im Rahmen der speziellen Grammatik des Englischen erklärt werden, wenn wir zusätzlich annehmen, daß gewisse Transformationen zyklisch, zunächst auf den innersten Phrasen, sodann auf den größeren Phrasen, und so fort, operieren – das heißt, wenn wir annehmen, daß diese Transformationen auf die Tiefenstruktur in einem Prozeß angewendet werden, der dem Prozeß analog ist, in dem die phonologischen Regeln auf die Oberflächenstruktur angewendet werden.[19] Betrachten wir unter dieser Annahme die zu-

---

19 Daß Transformationsregeln vermutlich auf diese Art funktionieren, was, falls es zutrifft, keineswegs trivial ist, wird in meiner Abhandlung *Aspects*, Kapitel 3, angenommen. Die Beobachtung von Ross legt nahe, daß dieses Anwendungsprinzip nicht nur möglich, sondern auch notwendig ist. Andere interessante Argumente in dieser Richtung werden vorgetragen in: R. Jacobs und P. S. Rosenbaum, Hrsg., *Readings in English Transformational Grammar* (Waltham, Mass.: Blaisdell, 1968), Kapitel 28. Diese Angelegenheit ist bei weitem noch nicht entschieden. Insgesamt wissen wir von der syntaktischen Struktur bedeutend weniger als von der phonologischen Struktur, die Beschreibungen sind viel rudimentärer, und dementsprechend sind die Prinzipien der universalen Syntax bedeutend weniger gesichert als die Prinzipien der universalen Phonologie, obwohl die letzteren – was nicht betont zu werden braucht – ebenso als vorläufig angesehen werden müssen. Zum einen Teil mag dies auf die dem Gegenstand inhärente Komplexität zurückzuführen sein. Zum anderen Teil resultiert es aus dem Umstand, daß die universale Phonetik, die eine Art »empirische Kontrolle« für die phonologische Theorie darstellt, viel sicherer begründet ist als die universale Semantik, die im Prinzip eine teilweise analoge Kontrolle für die syntaktische Theorie liefern sollte. In der modernen Linguistik ist die Phonetik (und zum Teil auch die Phonologie) mit beachtlicher Tiefe und mit viel Erfolg abgehandelt worden, doch das gleiche kann, ungeachtet vieler interessanter Arbeiten, bisher nicht für die Semantik gesagt werden.

grunde liegende Struktur 38. Im innersten Zyklus wird die Pronominalisierung überhaupt nicht angewendet, da es keine zweite Nominalphrase gibt, die mit »John« in der am tiefsten eingebetteten Proposition identisch ist. Im zweiten Zyklus betrachten wir die Phrase »[John's learning [that John had won the race]].« Sie kann als eine Struktur der Form 30 aufgefaßt werden, die durch Pronominalisierung 39 ergibt; sie kann nicht als eine Struktur der Form 32, die durch Pronominalisierung 40 ergibt, aufgefaßt werden, weil die spezielle Grammatik des Englischen, wie wir festgestellt haben, im Fall von 32 keine Pronominalisierung erlaubt:

39   John's learning [that he had won the race]

40   his learning [that John had won the race]

Doch 40 müßte die Form sein, die 36 zugrunde liegt. Daher kann 36 nicht durch Pronominalisierung von 38 abgeleitet werden, obwohl 35 von 37 abgeleitet werden kann.
In diesem Fall verbindet sich also ein Prinzip der universalen Grammatik mit einer unabhängig davon etablierten Regel der englischen Grammatik, was eine gewisse recht überraschende empirische Konsequenz mit sich bringt, nämlich die, daß 35 und 36 sich in der Referenz-Interpretation des Pronomens »him« unterscheiden müssen. Wie gesagt, wie in dem formal etwa analogen Fall der Vokalreduktion, der zuvor im Zusammenhang mit den Beispielen 27 a und 27 b diskutiert wurde, ist es gänzlich unmöglich, vermittels »Gewohnheiten«, »Dispositionen« und »Analogie« zu einer Erklärung zu gelangen. Es scheint vielmehr so, daß gewisse abstrakte und zum Teil universale Prinzipien, welche die menschlichen mentalen Fähigkeiten beherrschen, postuliert werden müssen, um die betreffenden Phänomene zu erklären. Wenn das Prinzip der zyklischen Anwendung tatsächlich ein regulatives Prinzip ist, das die Form der Sprachkenntnis für Menschen determiniert, so würde jemand, der die speziellen Regeln erlernt hat, die die Pronominalisierung im Englischen

beherrschen, intuitiv und ohne Unterweisung oder zusätzliche Hinweise wissen, daß 35 und 36 in der soeben genannten Hinsicht voneinander abweichen.

Dasjenige theoretische Problem in der Linguistik, das am meisten herausfordert, besteht darin, die Prinzipien der universalen Grammatik zu explizieren, die mit den Regeln der speziellen Grammatik verflochten sind, um Erklärungen für Phänomene zu finden, die als willkürlich oder chaotisch erscheinen. Wahrscheinlich finden sich die überzeugendsten Beispiele (und auch die wichtigsten, insofern die damit verbundenen Prinzipien sehr abstrakt sind und ihre Arbeitsweise sehr kompliziert ist) zur Zeit auf dem Gebiet der Phonologie; diese sind jedoch zu komplex, um im Rahmen dieser Vorlesung vorgelegt werden zu können.[20] Ein anderes syntaktisches Beispiel, welches das generelle Problem auf relativ einfache Art und Weise illustriert, stellen die Regeln zur Bildung der *wh*-Fragen im Englischen dar.[21]

---

[20] Vgl. die Hinweise in Anmerkung 14. Erörtert wird dieses Problem in großen Zügen in meinem Artikel »Explanatory Models in Linguistics«, in *Logic, Methodology and Philosophy of Science*, hrsg. von E. Nagel und A. Tarski (Stanford, Kalif.: Stanford University Press, 1962); ferner in meinen Abhandlungen *Current Issues in Linguistic Theory* (New York: Humanities, 1964) und *Aspects of the Theory of Syntax* (Cambridge, Mass.: M.I.T. Press, 1965; deutsch: *Aspekte der Syntax-Theorie*), Kapitel 1; ferner in anderen Publikationen, auf die in diesen Arbeiten hingewiesen wird.

[21] Dieses Problem wird in meiner Arbeit *Current Issues* erörtert. Es gibt verschiedene Versionen dieser Monographie. Die erste, vorgetragen auf dem internationalen Kongreß der Linguistik, im Jahr 1962, findet sich in den *Proceedings of the Congress*, unter dem Titel der Sitzung, auf der sie vorgetragen wurde, »Logical Basis of Linguistic Theory«, hrsg. von H. Lunt (New York: Humanities, 1964); eine zweite Version findet sich in: J. Fodor und J. J. Katz, Hrsg., *Structure of Language: Readings in the Philosophy of Language* (Englewood Cliffs, N. J.: Prentice-Hall, 1964); die dritte liegt als Monographie vor. Diese Versionen unterscheiden sich in der Behandlung der hier erörterten Beispiele. Keine der Behandlungen ist befriedigend, und das generelle Problem bleibt offen. Neue und interessante Vorstellungen zu diesem Thema werden in J. Ross, *Constraints on Variables in Syntax*, M.I.T.-Dissertation (unveröffentlicht), entwickelt. Ich folge hier den Grundzügen der ersten der drei Versionen der *Current Issues*, die mir unter den dreien den vielversprechendsten Ansatz zu bieten scheint.

Man betrachte Sätze wie die folgenden:

41 a. Who expected Bill to meet Tom? / Wer erwartete von Bill, Tom zu treffen?
  b. Who(m) did John expect to meet Tom? / Von wem erwartete John, Tom zu treffen?
  c. Who(m) did John expect Bill to meet? / Von wem erwartete John, daß Bill ihn trifft?
  d. What (books) did you order to ask Bill to persuade his friends to stop reading? / Was (welche Bücher) nicht mehr zu lesen, trugst du John auf, Bill zu bitten, seine Freunde zu überreden?

Als Beispiele zeigen **a**, **b** und **c**, daß nach einer Nominalphrase in jeder der drei kursivierten Stellen in einem Satz wie »*John* expected *Bill* to meet *Tom*« gefragt werden kann. Der Prozeß ist im wesentlichen dieser:

42 a. *wh-Plazierung:* Ordne den Marker *wh-* einer Nominalphrase zu.
  b. *wh-Inversion:* Setze die markierte Nominalphrase an den Satzanfang.
  c. *Auxiliar-Attraktion:* Stelle einen Teil des Hilfsverbs oder der Kopula an die zweite Stelle im Satz.
  d. *Phonologische Interpretation:* Ersetze die markierte Nominalphrase durch eine passende Frageform.[22]

Im Fall von **41 b** und **41 c** finden alle vier Prozesse ausnahmslos Anwendung. Der Satz **41 b**, zum Beispiel, wird dadurch gebildet, daß die *wh-Plazierung* auf die Nominalphrase »someone« in »John expected someone to meet Tom« angewendet wird. Die Anwendung des Prozesses der *wh-Inversion* (**42 b**) ergibt »*wh*-someone John expected to meet Tom«. Der

---

22 Es scheint in der Tat so, daß nur nach indefiniten Nominalphrasen im Singular (d. h. »someone« / »irgend jemand«, »something« / »irgend etwas«, und so weiter) gefragt werden kann, ein Umstand, der mit der Wiederherstellbarkeit der Elidierung, wie in Anmerkung 11 erwähnt, in Beziehung steht. Vgl. ferner meine *Current Issues*.

Prozeß der *Auxiliar-Attraktion* (42 c) ergibt »*wh*-someone did John expect to meet Tom«. Der Prozeß der *phonologischen Interpretation* (42 d) ergibt schließlich 41 b. Der Satz 41 d illustriert den Umstand, daß diese Prozesse eine tief in einen Satz eingebettete Nominalphrase herauslösen können, und zwar ohne Beschränkungen.

Alle die in 42 aufgeführten Prozesse treffen, mit Ausnahme der Auxiliar-Attraktion, ebenso für die Bildung von Relativsätzen zu, wobei sich solche Phrasen ergeben wie »the man who(m) John expected to meet Tom« / »der Mann, von dem John erwartete, Tom zu treffen«, und so weiter.

Es ist jedoch zu beachten, daß dabei gewisse Restriktionen für die Bildung von Fragen und Relativsätzen bestehen. Man betrachte zum Beispiel die Sätze in 43:

43 a. For him to understand *this lecture* is difficult. / Für ihn ist *diese Vorlesung* zu verstehen schwierig.
    b. It is difficult to understand for him *this lecture*. / Es ist schwierig für ihn, *diese Vorlesung* zu verstehen.
    c. He read the book that interested *the boy*. / Er las das Buch, das *den Jungen* interessierte.
    d. He believed the claim that John tricked *the boy*. / Er glaubte der Behauptung, daß John *den Jungen* betrog.
    e. He believed the claim that John made about *the boy*. / Er glaubte der Behauptung, die John über *den Jungen* machte.
    f. They intercepted John's message to *the boy*. / Sie fingen Johns Botschaft an *den Jungen* ab.

Angenommen wir versuchen die Prozesse der Interrogativ- und Relativbildung auf die kursiv gedruckten Nominalphrasen in 43 anzuwenden. Wir würden die folgenden Interrogativ- bzw. Relativsätze von 43 a–43 f ableiten:

44 aI. *What is for him to understand difficult? / ...
    aR. *A lecture that for him to understand is difficult / ...

bI. What is difficult for him to understand? / Was ist schwierig für ihn zu verstehen?
bR. a lecture that is difficult for him to understand / eine Vorlesung, die zu verstehen für ihn schwierig ist.
cI. *Who did he read the book that interested? / ...
cR. *the boy who read the book that interested / ...
dI. *Who did he believe the claim that John tricked? / ...
dR. *the boy who he believed the claim that John tricked / ...
eI. *Who did he believe the claim that John made about? / ...
eR. *the boy who he believed the claim that John made about / ...
fI. *Who did they intercept John's message to? / ...
fR. *the boy who they intercepted John's message to / ...

Von diesen sind nur **bI** und **bR** völlig akzeptabel, und die Fälle **a, c, d** und **e** sind vollkommen unmöglich, obwohl es klar wäre, was sie meinen, wenn sie als grammatisch zulässig gelten würden. Es ist keineswegs offensichtlich, wie der Sprecher des Englischen weiß, daß dies so ist. So sind die Sätze **43 a** und **43 b** synonym, doch nur **43 b** unterliegt den betreffenden Prozessen. Und obgleich diese Prozesse **43 d** und **43 f** nicht betreffen, können sie mit sehr viel annehmbareren Ergebnissen auf die sehr ähnlichen Sätze **45 a** und **45 b** angewendet werden:

45
   a. He believed that John tricked *the boy*. / Er glaubte, daß John *den Jungen* betrog. (Who did he believe that John tricked? / Wen, glaubte er, betrog John? – the boy who he believed that John tricked / der Junge, von dem er glaubte, daß John ihn betrog).
   b. They intercepted a message to *the boy*. / Sie fingen eine Botschaft an *den Jungen* ab. (Who did they intercept a message to? / Eine an wen gerichtete Botschaft fingen sie ab? – the boy who they intercepted a message to / der Junge, dem sie eine an ihn gerichtete Botschaft abfingen).

Auf irgendeine unbekannte Art ersinnt der Sprecher des Englischen die Prinzipien von 42 auf der Basis der ihm zur Verfügung stehenden Daten; noch rätselhafter ist jedoch der Umstand, daß er weiß, unter welchen formalen Bedingungen diese Prinzipien anwendbar sind. Es kann kaum ernsthaft behauptet werden, daß jeder normale Sprecher des Englischen sein Verhalten auf die besagte Weise durch angemessenes *reinforcement* »gestaltet« hat. Die Sätze in 43, 44 und 45 sind ebensowenig »vertraut« wie die große Mehrheit derjenigen, auf die wir im täglichen Leben stoßen, doch wissen wir intuitiv, ohne Instruktion und ohne uns dessen bewußt zu sein, wie sie durch das System von grammatischen Regeln, die wir zu beherrschen gelernt haben, zu behandeln sind.

Wie gesagt, es scheint so, daß es ein generelles Prinzip gibt, das viele solcher Faktoren erklärt. Es ist zu beachten, daß in 43 a die kursiv gedruckte Nominalphrase in einer anderen Nominalphrase enthalten ist, nämlich »for him to understand this lecture«, die das Subjekt des Satzes ist. In 43 b hat jedoch eine *Extrapositionsregel* die Phrase »for him to understand this lecture« außerhalb der Subjekt-Nominalphrase plaziert, und in der resultierenden Struktur ist diese Phrase keineswegs eine Nominalphrase, so daß die kursiv gedruckte Phrase in 43 b nicht mehr in einer Nominalphrase enthalten ist. Angenommen, wir würden den grammatischen Transformationen die Bedingung auferlegen, daß keine Nominalphrase aus einer anderen Nominalphrase, in der sie enthalten ist, extrahiert werden kann – allgemeiner: wenn eine Transformation auf eine Struktur der Form

$$\left[_S \overset{...}{} \left[_A \overset{...}{} \right]_A \overset{...}{} \right]_S$$

für jede Kategorie A zutrifft, dann muß sie so interpretiert werden, als treffe sie auf die *maximale* Phrase des Typs A zu.[23]

---

[23] Wir können dieses Prinzip mit dem Resultat erweitern, daß diese Transformationen ebenso auf die *minimale* Phrase des Typs S (Satz) zutreffen muß. So kann der Satz

[S John was convinced that [S Bill would leave before dark]S]S

Dann würden die Prozesse von **42**, wie gefordert, in den Fällen **43a, c, d, e** und **f** blockiert, nicht aber in **43b**. Wir kommen in Kürze auf **45** zurück. Es gibt andere Beispiele, die ein Prinzip dieser Art stützen, das wir als das *A-über-A*-Prinzip bezeichnen wollen. Man betrachte die Sätze in **46**:

46 a. John kept the car in *the garage* / ...
  b. Mary saw the man walking towards *the railroad station* / ...

Jeder von diesen ist zweideutig. So kann **46a** bedeuten, daß das Auto in der Garage von John gehalten wurde oder daß das Auto von John in der Garage gelassen wurde. Im ersten Fall ist die kursiv gedruckte Phrase Teil einer Nominalphrase, »the car in the garage«; im letzteren Fall ist sie es nicht. **46b** kann bedeuten, daß der Mann, der zum Bahnhof geht, von Mary gesehen wurde, oder daß der Mann von Mary gesehen wurde, als er zum Bahnhof ging (oder, irrelevant in diesem Zusammenhang, daß Mary, während sie zum Bahnhof ging, den Mann sah). Im ersten Fall ist die kursiv gedruckte Phrase wiederum Teil einer Nominalphrase, »the man walking towards the railroad station«; im letzteren Fall nicht. Man betrachte nun jedoch die beiden Interrogativsätze in **47**:

47 a. What (garage) did John keep the car in? / Worin (in welcher Garage) hielt John das Auto?
  b. What did Mary see the man walking towards? / Wohin sah Mary den Mann gehen?

Keiner von diesen ist zweideutig, und jeder kann nur die Interpretation des zugrunde liegenden Satzes haben, in dem die kursiv gedruckte Phrase nicht Teil einer anderen Nominalphrase ist. Das gleiche gilt für die Relativsätze, die aus **46** gebildet werden, und auch dieser Umstand würde durch das

transformiert werden zu »John was convinced that before dark Bill would leave«, aber nicht zu »before dark John was convinced that Bill would leave«, der einen anderen Ursprung haben muß. Wie das ursprüngliche Prinzip ist diese Erweiterung nicht unproblematisch, aber es gibt nichtsdestoweniger einiges, was sie stützt.

A-über-A-Prinzip erklärt werden. Es gibt viele ähnliche Beispiele.

Ein etwas diffizilerer Fall, wie er in Sätzen wie 48 und 49 vorliegt, kann vielleicht in der gleichen Art erklärt werden:

48   John has the best proof of that theorem. / John hat den besten Beweis für dieses Theorem.

49   What theorem does John have the best proof of? / Für welches Theorem hat John den besten Beweis?

In seiner naheliegendsten Interpretation beschreibt der Satz 48 eine Situation, in der mehrere Leute Beweise für dieses Theorem haben, wobei Johns Beweis der beste ist. In dieser Interpretation modifiziert somit »best« die Nomenphrase »proof of that theorem«, die eine andere Nomenphrase »that theorem« enthält.[24] Das A-über-A-Prinzip würde demnach implizieren, daß die Phrase »that theorem« den Prozessen von 42 nicht unterliegt. Entsprechend würde 49 nicht durch diese Prozesse von 48 abgeleitet. Und in der Tat gibt es für Satz 49 eine Interpretation, die sich von der für Satz 48 erheblich unterscheidet. Satz 49 ist einer Situation angemessen, in der John Beweise für eine Anzahl von Theoremen hat und der Fragesteller erfahren möchte, welcher dieser Beweise der beste ist. Die zugrunde liegende Struktur, welche auch immer es sein mag, würde »best« mit »proof« assoziieren, nicht aber »proof of that theorem«, so daß »that theorem« nicht innerhalb einer Phrase desselben Typs eingebettet ist und demzufolge

---

[24] Aus Platzgründen ist eine Erörterung der hier in dieser lockeren Terminologie implizierten Unterscheidung »noun phrase« / »Nominalphrase« – »nominal phrase« / »Nomenphrase« nicht möglich*, doch das ist im Moment nicht entscheidend. Vgl. meine »Remarks on Nominalization«, in R. Jacobs und P. S. Rosenbaum, *Readings in English Transformational Grammar* (Waltham, Mass.: Blaisdell, 1968). Es gibt noch andere Interpretationen von 49 (zum Beispiel, mit kontrastivem Akzent auf »John«), und es gibt viele offene Probleme in Verbindung mit Strukturen wie diesen.

* Die Asymmetrie der Übersetzung erklärt sich dadurch, daß in der deutschen Literatur der Begriff »noun phrase« normalerweise mit »Nominalphrase« wiedergegeben wird. Um Mißverständnisse auszuschließen, wurde dieser Sprachgebrauch beibehalten. [Anm. d. Übers.]

Gegenstand der Frage (und, in ähnlicher Weise, auch der Relativisierung) ist.

Das soeben vorgeschlagene generelle Prinzip hat, wie solche Beispiele illustrieren, eine gewisse explanative Kraft. Wenn es als ein Prinzip der universalen Grammatik postuliert wird, so vermag es zu erklären, warum die speziellen Regeln des Englischen so operieren, daß sie gewisse Sätze erzeugen, während sie gewisse andere Sätze nicht erzeugen, und daß sie Laut-Bedeutung-Relationen in einer Art herstellen, die, oberflächlich gesehen, reguläre Analogien zu verletzen scheinen. Um diesen Sachverhalt anders auszudrücken: wenn wir annehmen, daß das A-über-A-Prinzip ein Teil jenes angeborenen Schematismus ist, der die Form der Sprachkenntnis determiniert, so können wir gewisse Aspekte jener Kenntnis des Englischen erklären, über die solche Sprecher verfügen, die offensichtlich nicht geschult sind und die nicht einmal mit Daten konfrontiert wurden, die, soweit sich das überhaupt entscheiden läßt, in irgendeinem relevanten Zusammenhang mit den fraglichen Phänomenen stehen.

Die weitere Analyse der Daten des Englischen zeigt, nicht unerwartet, daß diese Erklärung zu sehr vereinfacht ist und auf eine ganze Reihe von Schwierigkeiten stößt. Man betrachte zum Beispiel die Sätze 50 und 51:

50   John thought (that) Bill had read *the book*. / John dachte, daß Bill das Buch gelesen hatte.

51   John wondered why Bill had read *the book*. / John fragte sich, warum Bill das Buch gelesen hatte.

Im Fall von 50 ist die kursiv gedruckte Phrase Gegenstand der Interrogation und der Relativisierung, aber nicht im Fall von 51. Es ist unklar, ob es sich bei den Phrasen »that Bill had read the book« und »why Bill had read the book« um Nominalphrasen handelt. Nehmen wir an, sie seien es nicht: dann ist Satz 50 in Übereinstimmung mit dem A-über-A-Prinzip gebildet, nicht aber Satz 51. Um die Blockierung der Prozesse von 42 auch im Fall von 51 zu erklären, müßten wir die Phrase »why Bill had read the book« derselben Kategorie zuordnen wie »the book«. In der Tat gibt es einen naheliegenden Vorschlag in diese Richtung: Satz 51 ist darin typisch, daß die Phrase, aus der die Nominalphrase extrahiert wird, selbst eher eine *wh*-Phrase als eine *that*-Phrase ist. Nehmen wir an, daß der Prozeß der *wh*-Plazierung (42a) das Element *wh*- in 51 nicht allein »the book« zuordnet, sondern ebenso der Proposition, die es enthält. Dann fällt sowohl »*wh*-the book« als auch »why Bill had read the book« unter die Kategorie *wh*-, die nun als ein syntaktisches Merkmal von der Art angesehen würde, wie ich sie in meinen *Aspects of the Theory of Syntax*, Kapitel 2 (vgl. Anmerkung 6) erörtert habe. Unter diesen Voraussetzungen würde das A-über-A-Prinzip dazu dienen, den Unterschied zwischen 50 und 51 zu erklären.

Nehmen wir an, daß es sich bei den zur Debatte stehenden Phrasen um Nominalphrasen handelt. Nun ruft 50, nicht aber 51 das Problem hervor. Angenommen, daß unsere Analyse bis hierher korrekt ist, so muß es irgendeine Regel geben, die der Proposition »that Bill had read the book« die Eigenschaft der »Transparenz« zuschreibt, die es erlaubt, Nominalphrasen aus ihr zu extrahieren, obwohl sie selbst eine Nominalphrase ist. Tatsächlich gibt es andere Beispiele, welche die Notwendigkeit einer solchen Regel einsichtig machen, bei der es sich vermutlich um eine Regel der speziellen Grammatik des Englischen handelt. Man betrachte, im Hinblick darauf, die Sätze 52, 53 und 54:

52 Who would you approve of my seeing? / Wen zu besuchen würdest du bei mir billigen?

53 What would you approve of John's drinking? / Was würdest du von dem, das John trinkt, billigen?

54 *What would you approve of John's excessive drinking of? / ...

Die Sätze 52 und 53 werden durch die Anwendung des Interrogativ-Prozesses auf eine Nominalphrase gebildet, die in der umfassenderen Nominalphrase »my seeing–«, »John's drinking –« enthalten ist. Folglich sind diese umfassenderen Nominalphrasen transparent für die Extraktionsoperation. Wie jedoch 54 anzeigt, ist die kursiv gedruckte Nominalphrase in 55 nicht transparent für diese Operation:

55   You would approve of *John's excessive drinking of beer.* / Du würdest Johns exzessives Trinken des Bieres billigen.

Diese Beispiele sind typisch für viele, die andeuten, welche Regel es sein könnte, die Transparenz zuordnet. Wir erörterten schon zuvor Satz 56 (Satz 4), wobei wir darauf hinwiesen, daß dieser Satz zweideutig ist:

56   I disapprove of John's drinking. / Ich mißbillige Johns Trinken.

In der einen Interpretation hat die Phrase »John's drinking« die interne Struktur einer Nominalphrase. Demnach wird die Regel, die Adjektive zwischen einem Determinanten und einem Nomen einführt (3 d), angewendet und ergibt »John's excessive drinking«, und tatsächlich können andere Determinanten »John's« ersetzen – »the«, »that«, »much of that«, und so weiter. In dieser Interpretation verhält sich die Phrase »John's drinking« genauso wie »John's refusal to leave« / »Johns Weigerung fortzugehen«, »John's rejection of the offer« / »Johns Ablehnung des Angebotes«, und so weiter. In der anderen Interpretation hat »John's drinking (the beer)« nicht die interne Struktur einer Nominalphrase und wird analog zu »John's having read the book«, »John's refusing to leave«, »John's rejecting the offer« und so weiter behandelt, wobei in keinem Falle die Einführung eines Adjektives oder die Ersetzung von »John's« durch andere Determinanten zulässig ist. Angenommen, wir postulieren eine Regel für die englische Grammatik, die Transparenz im zuvor definierten

Sinne solchen Nominalphrasen zuschreibt, die zugleich Propositionen sind, denen die interne Struktur von Nominalphrasen fehlt. Dann würde den Phrasen »that Bill had read the book« in 50, »my seeing –« in der 52 zugrunde liegenden Struktur, und »John's drinking –« in der Struktur, die 53 zugrunde liegt, Transparenz zugeschrieben, genauer: die dominierende Nominalphrase in diesen Beispielen würde eine Extraktion durch das A-über-A-Prinzip nicht blockieren können. In Satz 51 würde die Extraktion, den zuvor angeführten Überlegungen entsprechend, immer noch durch die Kategorie *wh-* blockiert. Und Satz 54 ist deshalb ausgenommen, weil die relevante Nominalphrase in der zugrunde liegenden Struktur, »John's excessive drinking of –«, wie zuvor angemerkt, in der Tat die interne Struktur einer Nominalphrase aufweist und deshalb nicht der speziellen Regel der englischen Grammatik unterliegt, die der Kategorie NP Transparenz zuschreibt, wenn diese Kategorie eine Proposition dominiert, die nicht die interne Struktur einer NP aufweist.

Es gibt einige andere Fälle, die es nahelegen, daß es in der speziellen Grammatik mit Notwendigkeit Regeln geben muß, die Transparenz in diesem Sinne zuordnen. Betrachten wir die Sätze 57 und 58:

57   a. They intercepted John's message to *the boy* (Satz 43 f). / Sie fingen Johns Botschaft an den Jungen ab.
       b. He saw John's picture of *Bill*. / Er sah Johns Bild von Bill.
       c. He saw the picture of *Bill*. / Er sah das Bild von Bill.

58   a. They intercepted a message to *the boy* (Satz 45 b). / Sie fingen eine Botschaft an den Jungen ab.
       b. He saw a picture of *Bill*. / Er sah ein Bild von Bill.
       c. He has a belief in *justice*. / Er hat einen Glauben an Gerechtigkeit.
       d. He has faith in *Bill's integrity*. / Er hat Vertrauen in Bills Integrität.

Die kursiv gedruckten Nominalphrasen in 57 sind, wie wir schon bemerkten, in Übereinstimmung mit dem A-über-A-Prinzip nicht Gegenstand des Prozesses der Interrogation und der Relativisierung. Im Fall von 58 jedoch scheinen Interrogation und Relativisierung in diesen Positionen sehr viel natürlicher, zumindest im zwanglos gesprochenen Englisch. Das bedeutet, daß den Nominalphrasen, welche die kursiv gedruckten Phrasen enthalten, Transparenz zugeschrieben werden muß. Es scheint, daß es sich bei dem, was involviert ist, um die Indefinitheit der dominierenden Nominalphrase handelt; wenn dies so ist, so gibt es für gewisse Dialekte eine Regel, die einer Nominalphrase der folgenden Form Transparenz zuschreibt:

59 $\begin{bmatrix} & \text{indefinit} \ldots \text{NP} \\ \text{NP} & \end{bmatrix} \text{NP}$

Es bleibt jedoch eine Reihe von schwerwiegenden Problemen, die sich einer Lösung durch derartige Erweiterungen und Modifikationen des A-über-A-Prinzips zu entziehen scheinen. Dieses Prinzip ist, wie man beachte, in einer Art formuliert, die durch die bis jetzt aufgeführten Beispiele nicht gerade gut abgesichert ist. Wenn das A-über-A-Prinzip generell gültig wäre, würden wir erwarten, solche Fälle zu finden, in denen eine Phrase der Kategorie A nicht von einer größeren Phrase der Kategorie A extrahiert werden kann, wie A auch immer gewählt wird. In der Tat involvieren die bislang gegebenen Beispiele aber nur A = Nominalphrase (oder, vielleicht, A = [+ *wh*-], wie in der Erörterung von 51). Folglich würde eine alternative Formulierung des Prinzipes, die in bezug auf die soeben genannten Fakten konsistent ist, Nicht-Transparenz eher als eine ad-hoc-Eigenschaft gewisser Typen von Nominalphrasen (und vielleicht anderer Konstruktionen) auszeichnen denn als eine Eigenschaft einer Kategorie A, die eine andere Kategorie des Typs A dominiert. Angesichts der soweit dargelegten Fakten würde es genau deshalb angemessen sein, das A-über-A-Prinzip an Stelle dieser Alternative zu postulieren, weil dieses Prinzip in gewisser Weise natürlich erscheint, während die Alternative gänzlich ad hoc, als eine Liste nichttransparenter Strukturen formuliert ist. Jedoch gibt es, wie John Ross gezeigt hat (vgl. den Hinweis in Anmerkung 21), entscheidende Indizien für die Annahme, daß das A-über-A-Prinzip nicht korrekt ist. Ross legte dar, daß aus den Konstruktionen, aus denen Nominalphrasen nicht extrahiert werden können, Adjektive ebenfalls nicht extrahiert werden können. Man betrachte in dieser Hinsicht die Kontexte »I believe that John saw –«/»Ich glaube, daß John sah –« »I believe the claim that John saw – «/»Ich glaube der Behauptung, daß John sah« und »I wonder whether John saw –«/ »Ich frage mich, ob John sah«. Vom ersten dieser Kontexte, aber nicht vom zweiten oder dritten, können wir aus der Interrogation oder aus der Relativierung eine Nominalphrase extrahieren, ein Umstand, den wir durch die Modifikation des A-über-A-Prinzips zu erklären versuchten. Aber dasselbe gilt für die Extraktion von Adjektiven. So können wir zwar »handsome though I believe that John is«/»wenn auch, wie ich glaube, John hübsch ist« bilden, aber nicht *»handsome though I believe the claim that John is«, *»handsome though I wonder whether John is«, etc. Ob jemand den eben erörterten Ansatz ausbauen kann, um diesem Problem auf eine natürliche Art Rechnung zu tragen, weiß ich nicht; im Moment jedenfalls sehe ich keinen Ansatz, der nicht Schritte einschließt, die gänzlich ad hoc sind. Vielleicht legt dies nahe, daß der Ansatz vermittels des A-über-A-Prinzips falsch ist, so daß wir für den Moment bloß mit einer Ansammlung von Konstruktionen dastehen, in denen eine Extraktion, aus irgendwelchen Gründen, nicht möglich ist.

Wie auch immer die Antwort ausfallen wird, der soeben erörterte Komplex von Problemen ist eine charakteristische und wichtige Illustration für die Art der Themen, die heute im Grenzbereich der Forschung behandelt werden, in dem Sinne, in dem es zu Anfang dieser Vorlesung erwähnt wurde: das heißt, daß gewisse Probleme in einem Begriffssystem, das angemessen klar und gut einsichtig ist, exakt formuliert werden können; daß gewisse partielle Lösungen vorgeschlagen werden können; und daß eine Menge von Beispielen beigebracht werden kann, für die solche Lösungen nicht möglich sind, so daß zur Zeit die Frage offen bleibt, ob eine weitere Ausarbeitung und Präzisierung oder aber ein grundsätzlich anderer Ansatz notwendig ist.

Ich habe bislang mehrere Arten von Bedingungen diskutiert, die Transformationen erfüllen müssen: die Bedingungen der Elidierung, wie sie durch die Beispiele **8–18** herausgearbeitet wurden; das Prinzip der zyklischen Anwendung, das durch die Erörterung der Beispiele **28–40** illustriert wurde (zuzüglich der phonologischen Analogie, auf die im Zusammenhang mit **27** eingegangen wurde); und das A-über-A-Prinzip, das als eine Basis für die Erklärung solcher Phänomene vorgeschlagen wurde, wie sie durch die Beispiele **44–58** illustriert werden. Dabei besteht in jedem der Fälle einiger Grund zu der Annahme, daß dieses Prinzip angemessen ist, obwohl andererseits kein Mangel an Indizien besteht, die zeigen, daß das Prinzip inadäquat formuliert oder vielleicht falsch konzipiert ist. Man betrachte als eine abschließende Illustration dafür, wie die Dinge liegen, die typisch für den Grenzbereich der Forschung sind, den es in der Linguistik wie in jeder anderen Disziplin gibt, ein Problem, das zuerst von Peter Rosenbaum erörtert wurde (vgl. den Hinweis in Anmerkung 6). Dazu die Sätze in **60**:

60 a. John agreed to go. / John stimmte zu zu gehen.
  b. John persuaded Bill to leave. / John überredete Bill fortzugehen.
  c. Finding Tom there caused Bill to wonder about John. / Der Umstand, daß er Tom dort antraf, veranlaßte Bill, sich Gedanken über John zu machen.

Bei der Interpretation dieser Sätze ergänzen wir jeweils ein »fehlendes Subjekt« für die Verben »go«, »leave« und »find«. In **60 a** verstehen wir »John« als das Subjekt von »go«, in **60 b**

Bill als das Subjekt von »leave«, und in 60 c verstehen wir »Bill« als das Subjekt von »find« und als das Subjekt von »wonder«. Im Rahmen der bisher vorausgesetzten Konzeption wäre es natürlich (wenn vielleicht auch nicht notwendig, wie wir unten sehen werden), dieses fehlende Subjekt als das aktuale Subjekt der Tiefenstruktur aufzufassen, das durch eine Elidierungsoperation eliminiert wurde. So könnten die zugrunde liegenden Tiefenstrukturen etwa von der Art sein wie in 61:

61   a. John agreed [John go]
     b. John persuaded Bill [Bill leave]
     c. [Bill find Tom there] caused Bill to wonder about John

Auf der anderen Seite zeigen die Fakten ganz klar, daß die Sätze in 60 nicht z. B. von 62 abgeleitet werden können:

62   a. John agreed [someone go]
     b. John persuaded Bill [John leave]
     c. [John find Tom there] caused Bill to wonder about John

Es wäre schwierig zu zeigen, daß in diesem Falle interne semantische Gründe gegen solche Strukturen wie in 62 sprechen. Zum Beispiel könnte man 62 a in der Bedeutung interpretieren, daß John zustimmt, daß jemand gehen sollte; 62 b in der Bedeutung, daß John Bill überredete, daß er (John) fortgehen würde (sollte); 62 c in der Bedeutung, daß der Umstand, daß John Tom dort fand, Bill veranlaßte, sich über John Gedanken zu machen. Es muß irgendein generelles Prinzip geben, das gegen 62 als eine mögliche Quelle für 60 entscheidet, und das uns zu der Interpretation veranlaßt, daß sich 60 vielmehr auf 61 gründet. Rosenbaum meint, daß das, worum es geht, eine gewisse Bedingung für Elidierungsoperationen ist, ein »Löschungsprinzip«, das ungefähr vorschreibt, daß das Subjekt einer eingebetteten Proposition durch die nächststehende Nominalphrase außerhalb dieser

Proposition elidiert wird, wobei die »Nähe« nach der Anzahl der Zweige in einer solchen Repräsentation wie in 1' oder 2' gemessen wird.[25] Wie er zeigt, können sehr viele Beispiele verschiedener Art auf Grund dieser generellen Annahme erklärt werden, die, wie die anderen, die ich dargestellt habe, eine Bedingung für Transformation involviert, die Teil einer universalen Grammatik sein würde.

Auch hier stellen sich jedoch gewisse Probleme. Man betrachte zum Beispiel die folgenden Fälle[26]:

63 John promised Bill to leave. / John versprach Bill fortzugehen.

64 a. John gave me the impression of working on that problem. / John machte mir den Eindruck, an diesem Problem zu arbeiten.

   b. John gave me the suggestion of working on that problem. / John machte mir den Vorschlag, an diesem Problem zu arbeiten.

65 a. John asked me what to wear. / John fragte mich, was zu tragen sei.

   b. John told me what to wear. / John sagte mir, was zu tragen sei.

66 John asked Bill for permission to leave. / John bat Bill um die Erlaubnis fortzugehen.

67 a. John begged Bill to permit him to stay. / John bat Bill, ihm zu erlauben, zu bleiben.

25 In einer noch unveröffentlichten Arbeit hat David Perlmutter ein starkes Argument dafür vorgebracht, daß nicht eine Bedingung für Transformationen, sondern vielmehr eine Bedingung für wohlgeformte Tiefenstrukturen involviert ist. Diese Unterscheidung ist nicht wesentlich für das Folgende, würde aber auf einem weniger oberflächlichen Diskussionsniveau wichtig werden.

26 Die Beispiele 63 und 67 werden von Rosenbaum erörtert; auf 64 hat Maurice Gross hingewiesen; auf 65 wurde in anderem Zusammenhang hingewiesen von Zeno Vendler, »Nominalizations«, in *Transformations and Discourse Analysis Papers*, Nr. 55 (Philadelphia: University of Pennsylvania Press, 1964), S. 67.

    b. John begged Bill to be permitted to stay. / John bat Bill, die Erlaubnis zu erhalten, zu bleiben.
    c. John begged Bill to be shown the new book. / John bat Bill, das neue Buch gezeigt zu bekommen.

68   John made an offer to Bill (received advice from Bill, received an invitation from Bill) to stay. / John machte Bill ein Angebot (erhielt den Rat von Bill, erhielt eine Einladung von Bill) zu bleiben.

69   John helped Bill write the book. / John half Bill, das Buch zu schreiben.

Satz 63 verletzt dieses Prinzip, da es John, nicht Bill ist, der fortgehen wird. In 64a ist »John« als das Subjekt von »work« zu verstehen, während in dem scheinbar analogen Satz 64b »I« als das Subjekt verstanden wird. Im Fall von 65a ist es »John«, das als Subjekt von »wear« verstanden wird, in 65b ist es »I«. Im Fall von 66 wird »John« als das Subjekt von »leave« verstanden und »Bill« als das von »permit«, das vermutlich »permission« zugrunde liegt; im Fall von 67a wird »Bill« als das in der Oberflächenstruktur liegende Subjekt der eingebetteten Proposition verstanden, in 67b und 67c aber »John«, obwohl »Bill« in allen drei Fällen die in Rosenbaums Sinne »nächstliegende« Nominalphrase ist. In 68 wird »John« als das Subjekt von »stay« begriffen, in einem offensichtlichen Widerspruch zu dem Prinzip, obwohl viel von der ungelösten Frage abhängt, wie diese Sätze analysiert werden müssen. Im Fall von 69 bestehen wieder andere Unklarheiten. Dem Löschungsprinzip zufolge wäre »Bill« das Subjekt von »write«, obwohl der Satz natürlich nicht impliziert, daß Bill das Buch schrieb – vielmehr taten John und Bill es gemeinsam. Es ergibt sich jedoch eine Schwierigkeit, wenn man diese Interpretation weiter verfolgt. So können wir aus 69 schließen, daß John half, das Buch zu schreiben, aber aus dem scheinbar analogen Satz »John helped the cat have kittens« / »John half der Katze Junge zu bekommen« können wir nicht den Satz ableiten »John helped have kittens« / »John half junge Katzen zu bekommen«, der abweichend ist, ein Umstand, der es nahelegt, daß in 69 irgendwie eine grammatische Relation zwischen »John« und »write« bestehen muß. Anders gesagt: das Problem besteht darin, »John helped write the book« als analog zu Satz 60a auszuweisen, da eine Analogie zu 61a als Quelle offensichtlich nicht in Betracht kommt.

Wir können, ohne diese Angelegenheit weiter zu verfolgen, sehen, daß — obwohl viel zu Gunsten des Löschungsprinzipes spricht und es bei der korrekten Lösung dieses verwickelten Problemkomplexes wahrscheinlich eine Rolle spielt — noch viele Fakten erklärt werden müssen. Wie schon in anderen Fällen erwähnt, gibt es eine Vielzahl von Problemen im Zusammenhang mit den Bedingungen, welche die Anwendbarkeit von Transformationen determinieren — Probleme, die sich bislang jeder in etwa definitiven Lösung entziehen, obwohl man einige interessante und erhellende Vorschläge machen kann, die den Weg zu einer generellen Lösung zu weisen scheinen.

Bei der Erörterung der Natur grammatischer Operationen habe ich mich auf syntaktische und phonologische Beispiele beschränkt und dabei Fragen der semantischen Interpretation vermieden. Wenn aber eine Grammatik die volle Sprachkompetenz des Sprecher-Hörers charakterisieren soll, muß sie auch Regeln für die semantische Interpretation enthalten. Über diesen Aspekt der Grammatik ist jedoch wenig wirklich Profundes bekannt. In der zuvor zitierten Literatur (vgl. Anmerkung 6) wird vorgeschlagen, daß eine Grammatik eine syntaktische Komponente enthält, welche die unendliche Menge von gekoppelten Tiefen- und Oberflächenstrukturen spezifiziert und die transformationelle Relation zwischen diesen gekoppelten Elementen zum Ausdruck bringt, eine phonologische Komponente, die der Oberflächenstruktur eine phonetische Repräsentation zuordnet, und eine semantische Komponente, die der Tiefenstruktur eine semantische Repräsentation zuordnet. Wie zuvor bemerkt (siehe oben Seite 55), spricht, wie ich glaube, sehr vieles dafür, daß Aspekte der Oberflächenstruktur auch für die semantische Interpretation relevant sind.[27] Wie auch immer, es gibt wenig Zweifel daran, daß eine vollständige Grammatik ziemlich komplexe Regeln für die semantische Interpretation enthalten muß, zumindest teilweise abgestimmt auf ziemlich spezifische Eigenschaften der Lexikoneinheiten und der formalen Struktur der jeweiligen Sprache. Man betrachte, um nur ein Beispiel anzuführen, Satz 70:

70   John has lived in Princeton. / John hat in Princeton gelebt.

Von der Annahme ausgehend, daß dieser Satz in angemessener Weise benutzt wurde, so daß er eine Aussage darstellt, können wir schließen, daß John ein Mensch ist (man würde nicht sagen, daß sein Hund in Princeton gelebt hat; daß Princeton ein Ort ist, der gewissen physikalischen und soziologischen Bedingungen genügt (gesetzt, daß »Princeton« ein Eigenname ist); daß John jetzt lebt (Ich kann sagen, daß ich in Princeton gelebt habe, aber ich kann jetzt nicht sagen: »Einstein has lived in Princeton« statt »Einstein lived in Princeton«), und so weiter. Die semantische Interpretation von 70 muß eine Erklärung für alle diese Fakten liefern.
Teilweise können Fragen wie diese unter eine noch zu entwickelnde universale Semantik subsumiert werden, in der die Begriffe und die Relationen zwischen ihnen in sehr allge-

---

[27] Zu einigen Bemerkungen, die dieses Problem betreffen, vgl. meine Abhandlung »Surface Structure and Semantic Interpretation«, in R. Jacobson, Hrsg., *Studies in General and Oriental Linguistics* (TEC Corporation for Language and Educational Research). Die Literatur über die semantische Interpretation syntaktischer Strukturen wächst ziemlich schnell an. Zur neueren Diskussion vgl. J. J. Katz, *The Philosophy of Language* (New York: Harper & Row, 1966), U. Weinreich, »Explorations in Semantic Theory«, in T. A. Sebeok, Hrsg., *Current Trends in Linguistics*, Vol. 3 (New York: Humanities, 1966), J. J. Katz, »Recent Issues in Semantic Theory«, *Foundations of Language*, Vol. 3, Nr. 2, Mai 1967, S. 124–94, und viele andere Abhandlungen.

meiner Weise analysiert werden; um ein klassisches Beispiel aufzuführen: man könnte sagen, daß die Beziehung zwischen der Bedeutung von »John is proud of what Bill did« / »John ist stolz auf das, was Bill getan hat« und von »John has some responsibility for Bill's actions« / »John trägt einige Verantwortung für Bills Handlungen« mit Hilfe der universalen Begriffe »Stolz« und »Verantwortung« erklärt werden sollte, genauso, wie man auf der Ebene der Lautstruktur auf ein Prinzip der universalen Phonetik rekurrieren könnte, um zu erklären, daß, wenn ein velarer Konsonant palatal wird, er normalerweise »scharf« wird (vgl. zur Erörterung dessen die Hinweise in Anmerkung 14). Dieser Vorschlag erscheint weniger überzeugend, wenn er zum Beispiel auf den Fall in 70 bezogen wird, im Hinblick auf den Umstand, daß ein angemessener Gebrauch von 70 es impliziert, daß John jetzt lebt. Wenn wir diesen Fragen nachzugehen versuchen, verlieren wir uns bald in einem Knäuel miteinander verwickelter Fragen und undurchsichtiger Probleme, und es ist schwierig, irgendwie überzeugende Antworten vorzuschlagen. Aus diesem Grunde bin ich nicht in der Lage, Bedingungen für die Regeln der semantischen Interpretation zu erörtern, die den zuvor erwähnten Bedingungen für syntaktische und phonologische Regeln analog sein könnten.

Man beachte, daß ich mich bei den vorausgehenden Bemerkungen sehr wohl geirrt haben könnte, als ich annahm, daß die behandelten Fragen eher in den Bereich der syntaktischen Komponente als in den der semantischen Komponente einer Grammatik fallen oder in einen Bereich, in dem syntaktische und semantische Regeln einander durchdringen. Die Probleme sind zu undurchsichtig für uns, um schon beim gegenwärtigen Stand sagen zu können, ob dies eine empirische Frage ist; aber wenn sie präzisiert werden, dann könnten wir finden, daß sich eine empirische Frage stellen läßt. Man betrachte zum Beispiel die Diskussion des Löschungsprinzips in der Syntax. Joseph Emonds hat (in einer unveröffentlichten Arbeit) darauf hingewiesen, daß es falsch ist anzunehmen, so wie ich es getan habe, daß die Sätze in 60 kraft einer Beziehung zu den zugrunde liegenden Strukturen in 61 interpretiert werden. Er macht vielmehr geltend, daß das, was ich als die eingebettete Proposition auffaßte, in der von der syntaktischen Komponente generierten, zugrunde liegenden Form überhaupt kein Subjekt hat, und eine generelle Regel der semantischen Interpretation an die Stelle von Rosenbaums Streichungsprinzip tritt. Ob dies richtig ist, weiß ich nicht, aber es ist sicher eine Möglichkeit. Da die Forschung über die Probleme der Grammatik fortschreitet, können wir erwarten, daß die Grenzen, die heute klar erscheinen, sich in unvoraussagbarer Weise verschieben können oder daß irgendeine neue Basis für den Aufbau einer Grammatik den Rahmen, der uns heute als angemessen erscheint, ersetzen kann.

Die Bedingungen für grammatische Regeln, die ich diskutiert habe, sind komplex und lediglich ausschnittweise erfaßt. Man sollte jedoch mit Nachdruck betonen, daß selbst einige der klarsten und einfachsten Bedingungen für die Form der Grammatik in keinem Sinne notwendige Eigenschaften eines Systems sind, das den Funktionen einer menschlichen Sprache gerecht wird. Entsprechend kann der Umstand, daß sie sich als richtig für menschliche Sprachen überhaupt erweisen und in der erworbenen Sprachkompetenz des Sprecher-Hörers eine Rolle spielen, nicht leichtfertig übergangen werden. Man betrachte zum Beispiel die einfache Tatsache, daß grammatische Transformationen invariant *strukturabhängig* sind – in dem Sinne, daß sie sich auf Wortketten beziehen[28], und zwar auf Grund der Organisation von Wörtern in Phrasen. Man kann sich nun leicht *strukturunabhängige* Operationen vorstellen, die sich auf eine Kette von Elementen ganz unabhängig von ihrer abstrakten Struktur als einem System von Phrasen beziehen. Zum Beispiel ist die Regel, welche die Interrogativsätze in 71 aus den entsprechenden Deklarativsätzen in 72 bildet (vgl. Anmerkung 10), eine strukturabhängige Regel, die

---

28 Genauer: auf eine Kette von minimalen sprachlichen Einheiten, mögen dies nun Wörter sein oder nicht.

eine Nominalphrase mit dem ersten Element des Auxiliarkomplexes austauscht.

71 a. Will the members of the audience who enjoyed the play stand? / Werden die Mitglieder der Zuhörerschaft, die das Spiel genossen, sich erheben?
    b. Has Mary lived in Princeton? / Hat Mary in Princeton gelebt?
    c. Will the subjects who will act as controls be paid? / Werden die Personen, die als Ordner fungieren werden, bezahlt?

72 a. The members of the audience who enjoyed the play will stand. / Die Mitglieder der Zuhörerschaft, die das Spiel genossen, werden sich erheben.
    b. Mary has lived in Princeton. / Mary hat in Princeton gelebt.
    c. The subjects who will act as controls will be paid. / Die Personen, die als Ordner fungieren werden, werden bezahlt.

Man betrachte demgegenüber die Operation, die das erste und das letzte Wort eines Satzes umstellt, oder diejenige, die die Wörter eines Satzes in Form von phonetischen Segmenten nach wachsender Länge ordnet (wobei Einheiten von derselben Länge in einer spezifizierten Art »alphabetisiert« werden), oder diejenige, die das am weitesten links auftretende Wort »will« an das äußerste linke Ende stellt – nennen wir sie O_1, O_2, O_3. Wenn wir O_1 auf 72a anwenden, dann leiten wir 73a ab; die Anwendung von O_2 auf 72b ergibt 73b; wenden wir O_3 auf 72c an, so leiten wir 73c ab:

73 a. stand the members of the audience who enjoyed the play will
    b. in has lived Mary Princeton
    c. will the subjects who act as controls be paid

Die Operationen O_1, O_2 und O_3 sind strukturunabhängig.

Man kann zahllose weitere Operationen dieser Art spezifizieren.

Es ist nicht a priori einzusehen, warum die menschliche Sprache ausschließlich Gebrauch von strukturabhängigen Operationen, so wie der englischen Interrogation, an Stelle von strukturunabhängigen Operationen, von der Art wie O_1, O_2, O_3, machen sollte. Man wird kaum behaupten können, daß die letzteren in irgendeinem absoluten Sinne »komplexer« seien; noch kann gezeigt werden, daß sie mehr Ambiguität erzeugen oder in größerem Maße die Kommunikationseffizienz beeinträchtigen. Doch keine menschliche Sprache enthält strukturunabhängige Operationen unter (oder an Stelle von) den strukturabhängigen grammatischen Transformationen. Der Spracherlernende weiß, daß die Operation, die 71 ergibt, für eine Grammatik als mögliche in Betracht kommt, während O_1, O_2, O_3 und jegliche Operation dieser Art nicht als praktikable Hypothese anzusehen sind.

Wenn wir die angemessene »psychische Distanz« zu solchen elementaren und alltäglichen Phänomenen wie diesen einnehmen, werden wir sehen, daß sie tatsächlich einige nicht triviale Probleme für die Humanpsychologie aufwerfen. Wir können Vermutungen über die Gründe anstellen, warum wir uns auf strukturabhängige Operationen verlassen[29], aber wir müssen anerkennen, daß jede solche Vermutung Annahmen über die menschlichen kognitiven Fähigkeiten involvieren muß, die keineswegs auf der Hand liegen oder notwendig sind. Und es ist schwierig, den Schluß zu vermeiden, daß das Vertrauen auf strukturabhängige Operationen – was auch immer seine Funktion sein mag – für denjenigen, der eine Sprache erlernt, durch irgendeinen restriktiven Initialschematismus prädeterminiert sein muß, der seine Versuche steuert, Sprachkompetenz zu erwerben. Ähnliche Schlußfolgerungen scheinen mir,

---

[29] Vgl. zu einigen Vorschlägen, die diese Thematik betreffen, G. A. Miller und N. Chomsky, »Finitary Models of Language Users, Part II«, in R. D. Luce, R. Bush und E. Galanter, Hrsg., *Handbook of Mathematical Psychology*, Vol. 2 (New York: Wiley, 1963).

a fortiori, im Falle der tieferliegenden und sehr viel komplizierteren Prinzipien, die zuvor erörtert wurden, gesichert zu sein, welche exakte Form sie auch immer annehmen mögen.

Um zusammenzufassen: Gemäß den Perspektiven, die hier umrissen worden sind, können wir einerseits ein System von generellen Prinzipien der universalen Grammatiken entwickeln[30], und andererseits spezielle Grammatiken, die in Übereinstimmung mit diesen Prinzipien aufgebaut und interpretiert werden. Das Zusammenwirken von universalen Prinzipien und speziellen Regeln führt zu solchen empirischen Konsequenzen, wie wir sie verdeutlicht haben; auf unterschiedlich tief liegenden Ebenen liefern diese Regeln und Prinzipien Erklärungen für die mit der Sprachkompetenz zusammenhängenden Faktoren – jener Sprachkenntnis, über die jeder normale Sprecher verfügt – und für einige der Arten, in denen von dieser Kenntnis in der Performanz des Sprechers oder Hörers Gebrauch gemacht wird.

Die Prinzipien der universalen Grammatik liefern sowohl ein hochgradig restriktives Schema, mit dem jede menschliche Sprache in Einklang stehen muß, als auch spezifische Bedingungen dafür, wie die Grammatik einer solchen Sprache gebraucht werden kann. Man kann sich leicht Alternativen zu den Bedingungen, wie sie formuliert worden sind (oder wie sie oft stillschweigend angenommen werden) vorstellen. Diese

---

30 Man beachte, daß wir »universale Grammatik« als ein System von Bedingungen für Grammatiken interpretieren. Sie kann, als Substruktur, einen Fundus von Regeln involvieren, den jede menschliche Sprache enthalten muß, sie inkorporiert jedoch ebenso Bedingungen, denen eine solche Grammatik gerecht werden muß, und Prinzipien, die festlegen, wie sie zu interpretieren sind. Diese Formulierung weicht in einer gewissen Art von der traditionellen Ansicht ab, derzufolge die universale Grammatik lediglich eine Substruktur jeder speziellen Grammatik darstellt, ein System von Regeln im Zentrum jeder Grammatik. Diese traditionelle Ansicht ist auch in neueren Arbeiten zum Ausdruck gekommen. Sie scheint mir von geringem Wert zu sein. Nach aller verfügbaren Information gibt es strenge Restriktionen hinsichtlich der Form und der Interpretation der Grammatik, und zwar auf allen Ebenen, von der Tiefenstruktur der Syntax über die Transformationskomponente bis hin zu den Regeln, die syntaktische Strukturen semantisch und phonetisch interpretieren.

Bedingungen sind in der Vergangenheit im allgemeinen der Beachtung entgangen, und wir wissen auch heute nur wenig über sie. Wenn es uns gelingt, die angemessene »psychische Distanz« zu den relevanten Phänomenen einzunehmen, und wenn wir es erreichen, sie zu »verfremden«, so sehen wir sofort, daß sie schwerwiegende Probleme aufwerfen, die durch Reden oder durch Definitionen nicht aus der Welt geschafft werden können. Eine sorgfältige Betrachtung solcher Probleme, wie sie hier skizziert worden sind, zeigt, daß wir zur Erklärung des normalen Sprachgebrauchs dem Sprecher-Hörer ein kompliziertes System von Regeln zuschreiben müssen, das mentale Operationen sehr abstrakter Natur involviert, da sie sich auf Repräsentationen beziehen, die vom physikalischen Signal erheblich entfernt sind. Und weiterhin stellen wir fest, daß Sprachkenntnis auf der Basis von entstellten und restringierten Daten erworben wird und daß sie in einem hohen Maße unabhängig von Intelligenz und der Variationsbreite individueller Erfahrung ist.

Wenn ein Wissenschaftler mit dem Problem konfrontiert wäre, die Natur eines Mechanismus mit unbekannten Eigenschaften zu bestimmen, der auf Daten von der Sorte operiert, wie sie einem Kind verfügbar sind, und der als »Ausgabe« (das heißt in diesem Falle als »Endzustand des Mechanismus«) eine spezielle Grammatik der Art liefert, die, wie es scheint, notwendigerweise der Person, die die Sprache kennt, zuzuschreiben ist, so würde er natürlich nach inhärenten Organisationsprinzipien suchen, welche die Form der Ausgabe auf der Basis der beschränkten verfügbaren Daten determiniert. Es besteht kein Grund, eine eher voreingenommene oder dogmatische Einstellung einzunehmen, wenn es sich bei dem Mechanismus mit den unbekannten Eigenschaften um den menschlichen Geist handelt; es gibt speziell keinen Grund zu der Annahme, und zwar vor aller Argumentation, daß den generellen empiristischen Annahmen, welche die Spekulation über diese Dinge beherrschen, irgendein priviligierter Status zukäme. Es ist niemandem gelungen zu zeigen, warum die hoch spezifischen empiristischen Annahmen darüber, wie Wissen erworben wird, ernst genommen werden sollten. Es erweist sich, daß sie keine Möglichkeit für die Beschreibung und Erklärung der charakteristischsten und normalsten Konstruktionen der menschlichen Intelligenz liefern, wie etwa der Sprachkompetenz. Auf der anderen Seite lassen gewisse, sehr spezifische Annahmen über die spezielle und die universale Grammatik auf eine Erklärung der Phänomene hoffen, denen wir gegenüberstehen, wenn wir Sprachkenntnis und Sprachgebrauch untersuchen. Wenn wir Mutmaßungen über die Zukunft anstellen, so erscheint es nicht unwahrscheinlich, daß fortgesetzte Forschung gemäß den hier umrissenen Perspektiven einen hochgradig restriktiven Schematismus ans Licht bringen wird, der sowohl den Inhalt der Erfahrung als auch die Natur des Wissens, das aus ihr resultiert, determiniert, wobei einige traditionelle Gedanken über die Probleme von Sprache und Geist gerechtfertigt und weiterentwickelt werden. Diesem Umstand werde ich mich, unter anderem, in der abschließenden Vorlesung zuwenden.

Linguistische Beiträge
zur Untersuchung des Geistes

3. Zukunft

Bei der Erörterung der Vergangenheit habe ich zwei Haupttraditionen referiert, die die Sprachwissenschaft jede für sich und auf unterschiedliche Art bereichert haben; und in meiner letzten Vorlesung versuchte ich, einige Hinweise auf diejenigen Themen zu geben, die heute, da eine Art Synthese von philosophischer Grammatik und struktureller Linguistik Gestalt anzunehmen beginnt, ins Blickfeld kommen. Jede dieser beiden Haupttraditionen der Forschung und Spekulation, die ich als Bezugssysteme gewählt habe, war mit einer gewissen charakteristischen Einstellung zum Problem des Geistes verbunden; ohne etwas zu verzerren, könnte man sagen, daß jede sich als ein spezifischer Zweig der Psychologie ihrer Zeit entwickelte, zu der sie einen markanten Beitrag lieferte.

Angesichts ihres militanten Anti-Psychologismus mag es etwas paradox erscheinen, in dieser Art von der strukturellen Linguistik zu sprechen. Aber das Paradoxon ist weniger groß, wenn wir den Umstand in Rechnung stellen, daß dieser militante Anti-Psychologismus für viele Zweige der gegenwärtigen Psychologie selbst zutrifft, und zwar besonders für diejenigen, die bis vor wenigen Jahren noch ein Monopol auf die Untersuchung des Sprachgebrauchs und des Spracherwerbs hatten. Wir leben schließlich im Zeitalter der »Wissenschaft vom Verhalten«, nicht in dem der »Wissenschaft vom Geist«. Ich möchte nicht allzu viel in eine terminologische Innovation hineinlegen, aber ich glaube durchaus, daß die Sorglosigkeit und Bereitwilligkeit von einiger Bedeutung ist, mit der das moderne Denken über Mensch und Gesellschaft die Bezeichnung »Verhaltenswissenschaft« akzeptiert. Kein vernünftiger Mensch hat bezweifelt, daß das Verhalten eine Menge von Daten für diese Untersuchung bereitstellt – *alle* Daten, wenn wir Verhalten in einem hinreichend weiten Sinne interpretieren. Aber der Begriff »Verhaltenswissenschaft« legt eine nicht eben sinnvolle Verschiebung des Akzentes auf die Daten selbst nahe und lenkt von den tieferen, zugrundeliegenden Prinzipien und den abstrakten mentalen Strukturen ab, die durch die Verhaltensdaten illustriert werden könnten. Das ist so, als wenn die Naturwissenschaft als die »Wissenschaft vom Maßablesen« bezeichnet würde. Was nun würden wir von einer Naturwissenschaft erwarten, die sich damit begnügt, eine solche Bezeichnung ihrer Praxis zu akzeptieren?

Die Verhaltenswissenschaft hat sich vorrangig mit Daten und der Organisation von Daten befaßt, und sie hat sich sogar selbst als eine Art Technologie der Verhaltensregelung gesehen. Der Anti-Mentalismus in Linguistik und Sprachphilosophie stimmt mit diesem Orientierungswechsel überein. Wie ich bereits in meiner ersten Vorlesung erwähnte, bin ich der Meinung, daß einer der wesentlichsten indirekten Beiträge der modernen strukturellen Linguistik daraus resultiert, daß es ihr gelungen ist, die Voraussetzungen eines antimentalistischen, gänzlich operationalen und behavioristischen Ansatzes gegenüber den Phänomenen der Sprache explizit zu machen. Mit der Erweiterung dieses Ansatzes bis an seine natürlichen Grenzen war die Grundlage für den ziemlich überzeugenden Beweis gegeben, daß jeder derartige Ansatz gegenüber dem Problem des Geistes inadäquat ist.

Allgemeiner gesagt: ich glaube, daß die weitreichende Bedeutung der Sprachwissenschaft in dem Umstand begründet ist, daß es in dieser Disziplin möglich ist, eine relativ präzise und klare Formulierung für eine Reihe von zentralen Fragen der Psychologie zu geben und, im Hinblick auf diese, eine Menge von Daten beizubringen. Mehr noch: die Sprachwissenschaft ist zur Zeit darin einzigartig, daß sie sowohl einen Reichtum an Daten liefert als auch die Möglichkeit eröffnet, die grundsätzlichen Probleme präzise zu formulieren.

Es wäre natürlich albern, die Zukunft der Forschung voraussagen zu wollen, und es ist selbstverständlich, daß ich den Untertitel dieser Vorlesung nicht ganz ernst genommen wissen möchte. Trotzdem ist es zulässig zu vermuten, daß die wesentlichste Leistung der Sprachwissenschaft in der Erklärung liegen wird, die sie für den Charakter mentaler Prozesse und die Strukturen, die sie bilden und mit denen sie arbeiten, zu liefern vermag. Deshalb will ich mich, anstatt über die wahrscheinliche Entwicklung der Forschung zu Problemen hin zu spekulieren, die heute in den Mittelpunkt rücken[1], hier auf einige Fragen konzentrieren, die sich ergeben, wenn man versucht, die Untersuchung der Sprachstruktur als ein Kapitel der Humanpsychologie zu entwickeln.

Es ist ganz natürlich zu erwarten, daß ein Interesse an der Sprache zentral für die Untersuchung der menschlichen Natur bleiben wird, wie es in der Vergangenheit auch gewesen ist. Jeder, der sich mit dem Studium der menschlichen Natur und der menschlichen Fähigkeiten befaßt, muß sich irgendwie mit dem Umstand auseinandersetzen, daß alle normalen Menschen Sprache erwerben, während der Erwerb selbst ihrer simpelsten Anfangsgründe gänzlich außerhalb der Fähigkeiten eines ansonsten durchaus intelligenten Affen liegt – ein Umstand, der zu Recht in der cartesianischen Philosophie hervorgehoben wurde.[2] Es wird weithin die Meinung vertreten, daß die ex-

---

[1] Man könnte eine Reihe solcher Probleme aufzählen – beispielsweise das Problem, wie der spezifische Inhalt phonetischer Merkmale die Funktionsweise phonologischer Regeln determiniert, die Rolle universaler formaler Bedingungen bei der Beschränkung der Auswahl von Grammatiken und die empirische Interpretation solcher Grammatiken, die Relationen zwischen der syntaktischen und der semantischen Struktur, die Natur der universalen Semantik, Performanzmodelle, die generative Grammatiken inkorporieren, und so weiter.

[2] Moderne Versuche, Affen ein Verhalten beizubringen, das die Wissenschaftler als sprachähnlich betrachten, bestätigen dieses Unvermögen, obwohl es sein kann, daß die Fehlschläge der Technik der Operandenkonditionierung zuzuschreiben sind und deshalb wenig über die tatsächlichen Fähigkeiten des Tieres aussagen. Vgl. z. B. den Bericht von C. B. Ferster »Arithmetic Behavior in Chimpanzees«, in *Scientific American*, Mai 1964, S. 98 bis 106. Ferster versuchte, Schimpansen beizubringen, die Binärzahlen 001, ..., 111 Mengen von einem bis zu sieben Objekten zuzuordnen. Er berichtet, daß selbst bei dieser trivialen Aufgabe Hunderttausende von Versuchen erforderlich waren, damit 95 Prozent Genauigkeit erreicht wurde. Natürlich hat-

tensive moderne Untersuchung der tierischen Kommunikation diese klassische Ansicht in Frage stelle, und es wird fast überall als selbstverständlich angesehen, daß ein Problem darin besteht, die »Evolution« der menschlichen Sprache aus den Systemen der tierischen Kommunikation zu erklären. Jedoch scheint mir bei einer sorgfältigen Betrachtung der gegenwärtigen Untersuchungen wenig für diese Annahme zu sprechen. Vielmehr bringen diese Untersuchungen einfach sehr viel klarer zum Ausdruck, in welchem Ausmaß die menschliche Sprache ein einzigartiges Phänomen darstellt, das keine signifikante Analogie in der Tierwelt besitzt. Wenn das so ist, dann ist es vollkommen sinnlos, das Problem aufzuwerfen, wie die Evolution der menschlichen Sprache aus primitiveren Kommunikationssystemen, die auf tieferen Stufen der intellektuellen Fähigkeiten auftreten, zu erklären sei. Dies ist eine wichtige Frage, und ich will bei ihr noch einen Moment verweilen.

Die Annahme, daß die menschliche Sprache sich aus primitiveren Systemen entwickelte, wurde unter interessanten Gesichtspunkten von Karl Popper in seiner kürzlich erschienenen Arthur-Compton-Vorlesung »Clouds and Clocks« entwickelt. Er versucht darin zu zeigen, wie das Problem der Willensfreiheit und das des Cartesianischen Dualismus durch die Analyse dieser »Evolution« gelöst werden kann. Ich befasse mich jetzt nicht mit den philosophischen Konsequenzen, die er aus dieser Analyse ableitet, sondern nur mit seiner Grundannahme, daß es eine evolutionäre Entwicklung der Sprache aus einfacheren

---

ten die Affen selbst in diesem Stadium nicht das Prinzip der binären Arithmetik gelernt, sie wären beispielsweise nicht fähig, eine vierstellige Binärzahl richtig zuzuordnen, und vermutlich hätten sie in dem Experiment genauso schlecht abgeschnitten, wenn es eine willkürliche Verknüpfung der Binärzahlen mit Mengen enthalten hätte, statt der durch das Prinzip der binären Notation festgelegten Verknüpfung. Ferster übersieht diesen ganz entscheidenden Punkt und folgert daher fälschlicherweise, daß er die Rudimente eines symbolischen Verhaltens gelehrt habe. Diese Verwechslung wird einerseits durch seine Definition der Sprache als »einer Menge symbolischer Stimuli, die Verhalten regeln«, und andererseits durch seinen seltsamen Glauben bewirkt, daß die »Effektivität« der Sprache sich aus dem Umstand ergibt, daß Äußerungen »nahezu identische Performanzleistungen in Sprecher und Hörer regeln«.

Systemen gibt, wie man sie bei anderen Organismen findet. Popper macht geltend, daß die Evolution der Sprache in mehreren Stufen erfolgte, insbesondere in einer »tieferen Stufe«, in der Lautgebärden benutzt wurden, um zum Beispiel einen emotionalen Zustand auszudrücken, und in einer »höheren Stufe«, in der artikulierte Laute zum Ausdruck von Gedanken – in Poppers Worten: zur Beschreibung und zum kritischen Argument – benutzt wurden. Mit seiner Erörterung der Evolutionsstufen der Sprache nimmt er eine Art von Kontinuität an, aber tatsächlich stellt er keine Beziehung zwischen der tieferen und der höheren Stufe her und gibt keinen Mechanismus an, durch den der Übergang von einer Stufe zur nächsten hätte stattfinden können, kurz: er liefert kein Argument, um zu zeigen, daß diese Stufen zu einem einzigen evolutionären Prozeß gehören. Tatsächlich ist schwer zu sehen, was die beiden Stufen überhaupt miteinander verbindet (ausgenommen den metaphorischen Gebrauch des Begriffes »Sprache«). Es gibt keinen Grund zu der Annahme, daß die »Kluft« zwischen ihnen überbrückbar sei. Es gibt, in diesem Falle, genausowenig eine Basis für die Annahme, daß sich eine evolutionäre Entwicklung zu »höheren« aus »tieferen« Stufen vollzieht, wie für die Annahme einer evolutionären Entwicklung vom Atmen zum Gehen; die Stufen weisen offensichtlich keine signifikante Analogie auf und scheinen völlig unterschiedliche Prozesse und Prinzipien zu beinhalten.

Eine klarere Erörterung der Beziehungen zwischen menschlichen und tierischen Kommunikationssystemen findet sich in einer kürzlich erschienenen Abhandlung des komparativen Ethologen W. H. Thorpe.[3] Er weist darauf hin, daß den Säugetieren, mit Ausnahme der Menschen, anscheinend die Fähigkeit fehlt, Laute nachzuahmen, und daß man deshalb hätte erwarten können, die Vögel (von denen viele diese Fähigkeit

---

3 W. H. Thorpe, »Animal Vocalization and Communication«, in F. L. Darlex, Hrsg. *Brain Mechanisms Underlying Speech and Language* (New York: Grune and Stratton, 1967), S. 2–10 und die Erörterungen auf S. 19 und 84 bis 85.

in einem bemerkenswerten Grade besitzen) seien »die Gruppe, die in der Lage gewesen sein sollte, Sprache im wahren Sinne des Worte zu entwickeln, und nicht die Säugetiere«. Thorpe nimmt nicht an, daß die menschliche Sprache sich aus einfacheren Systemen im strengen Sinne »entwickelte«, aber er behauptet, daß die charakteristischen Eigenschaften der menschlichen Sprache auch in tierischen Kommunikationssystemen gefunden werden können, »obwohl wir im Moment nicht sagen können, daß sie alle zusammen bei einem einzelnen Tier vorhanden sind«. Die Charakteristika, die der menschlichen und der tierischen Sprache gemeinsam sind, sind die Eigenschaften, »zweckgebunden«, »syntaktisch« und »propositional« zu sein. Die Sprache ist zweckgebunden »insofern, als menschliches Sprechen fast immer die bestimmte Absicht einschließt, jemand anderem etwas zu vermitteln, um so sein Verhalten, seine Gedanken oder seine allgemeine Haltung gegenüber einer Situation zu verändern«. Die menschliche Sprache ist »syntaktisch« insofern, als eine Äußerung eine Handlung mit einer internen Organisation, mit Struktur und Kohärenz ist. Sie ist »propositional« insofern, als sie Information überträgt. In diesem Sinne ist dann sowohl die menschliche Sprache als auch die tierische Kommunikation zweckgebunden, syntaktisch und propositional.

Dies alles mag richtig sein, aber es besagt sehr wenig, denn wenn wir bis zu der Abstraktionsebene gehen, auf der menschliche Sprache und tierische Kommunikation zusammenfallen, ist fast das ganze übrige Verhalten ebenso mit eingeschlossen. Man denke etwa an das Gehen: das Gehen ist sicherlich ein zweckgebundenes Verhalten, im allgemeinsten Sinne von »zweckgebunden«. Das Gehen ist auch »syntaktisch« im soeben definierten Sinne, wie Karl Lashley schon vor längerer Zeit in seiner bedeutenden Untersuchung der seriellen Ordnung des Verhaltens herausstellte, auf die ich bereits in der ersten Vorlesung verwies.[4] Zudem kann es sicherlich informativ sein; ich

---

[4] K. S. Lashley, »The Problem of Serial Order in Behavior«, in L. A. Jeffress, Hrsg., *Cerebral Mechanisms in Behavior* (New York: Wiley, 1951), S. 112–136.

kann beispielsweise mein Interesse daran, ein bestimmtes Ziel zu erreichen, durch die Geschwindigkeit oder Intensität signalisieren, mit der ich gehe.

Die Beispiele für tierische Kommunikation, die Thorpe als »propositional« darstellt, sind, beiläufig gesagt, genau von dieser Art. Er führt als ein Beispiel den Gesang des Europäischen Rotkehlchens an, bei dem das Ausmaß des Wechsels zwischen niedrigen und hohen Tonlagen die Absicht des Vogels signalisiert, sein Gebiet zu verteidigen; je höher das Ausmaß des Wechsels ist, desto entschiedener die Absicht, das Gebiet zu verteidigen. Das Beispiel ist interessant, aber es scheint mir völlig klar zu zeigen, wie hoffnungslos es ist zu versuchen, die menschliche Sprache und die tierische Kommunikation miteinander in Beziehung zu setzen. Jedes tierische Kommunikationssystem, das bisher bekannt ist (wobei wir die »science fiction« über die Delphine außer acht lassen), benutzt eines von zwei Grundprinzipien: entweder besteht es aus einer festen, endlichen Anzahl von Signalen, von denen jedes mit einem spezifischen Verhaltensbereich oder emotionalen Zustand assoziiert ist, was in der extensiven Primaten-Forschung erwiesen wird, die in den letzten Jahren von japanischen Wissenschaftlern betrieben wurde; oder es besteht aus einer festen, endlichen Anzahl von sprachlichen Dimensionen, von denen jede mit einer besonderen nicht-sprachlichen Dimension in der Art verbunden ist, daß die Auswahl eines bestimmten Punktes in der sprachlichen Dimension einen bestimmten Punkt in der assoziierten nicht-sprachlichen Dimension determiniert und signalisiert. Das letztere ist das Prinzip, das in Thorpes Beispiel des Vogelgesanges verwendet wird. Das Ausmaß des Wechsels von hohen und niedrigen Tonlagen ist eine sprachliche Dimension, die mit der nicht-sprachlichen Dimension der Absicht verbunden ist, das Gebiet zu verteidigen. Der Vogel signalisiert seine Absicht, das Gebiet zu verteidigen, indem er den korrelierenden Punkt in der sprachlichen Dimension des Tonlagenwechsels selektiert – ich gebrauche das Wort »selektieren« natürlich nicht im strengen Sinne. Die sprachliche Dimension ist abstrakt, aber das

Prinzip ist klar. Ein Kommunikationssystem des zweiten Typs hat einen unbestimmt großen Bereich möglicher Signale, genau wie die menschliche Sprache. Dieser Mechanismus und dieses Prinzip sind jedoch völlig verschieden von denen, die in der menschlichen Sprache benutzt werden, um unbestimmt viele neue Gedanken, Absichten, Gefühle und so weiter auszudrükken. Es nicht richtig, in bezug auf den Bereich möglicher Signale von einem »Mangel« des tierischen Systems zu sprechen; eher gilt das Gegenteil, da das tierische System im Prinzip eine kontinuierliche Variation in der sprachlichen Dimension zuläßt (sofern es überhaupt sinnvoll ist, in einem solchen Fall von »Kontinuität« zu sprechen), während die menschliche Sprache diskret ist. Deshalb handelt es sich nicht um eine Frage des »mehr« oder »weniger«, sondern um ein völlig anderes Organisationsprinzip. Wenn ich eine willkürliche Behauptung in einer menschlichen Sprache formuliere, zum Beispiel daß »die Entstehung übernationaler Korporationen neue Gefahren für die menschliche Freiheit schafft«, wähle ich nicht einen Punkt in irgendeiner sprachlichen Dimension aus, der einen korrespondierenden Punkt in einer assoziierten nicht-sprachlichen Dimension signalisiert, noch wähle ich ein Signal aus einem endlichen Verhaltensrepertoire, sei es angeboren oder erlernt.

Überdies ist es auch falsch anzunehmen, der menschliche Sprachgebrauch sei, tatsächlich oder in der Intention, seinem Wesen nach informativ. Die menschliche Sprache kann zur Information oder Irreführung benutzt werden, sie kann benutzt werden, um die eigenen Gedanken zu klären oder um die eigene Klugheit zur Schau zu stellen, oder sie kann einfach spielerisch benutzt werden. Wenn ich ohne die Absicht spreche, irgend jemandes Verhalten oder Gedanken zu ändern, gebrauche ich die Sprache nicht weniger, als wenn ich genau die gleichen Dinge *mit* solcher Absicht sage. Wenn wir hoffen, die menschliche Sprache und die psychischen Fähigkeiten, auf denen sie beruht, zu verstehen, so müssen wir zuerst fragen, was sie ist, und nicht, wie oder zu welchen Zwecken sie gebraucht wird.

Wenn wir fragen, was die menschliche Sprache ist, so finden wir keine auffallende Ähnlichkeit mit tierischen Kommunikationssystemen. Auf der Abstraktionsebene, auf der menschliche und tierische Kommunikation zusammenfallen, kann man nichts Sinnvolles über das Verhalten oder Denken sagen. Andererseits weisen die Beispiele für tierische Kommunikation, die bisher geprüft worden sind, viele der Eigenschaften des menschlichen Gesten-Systems auf, und es könnte sinnvoll sein, die Möglichkeit einer direkten Verbindung unter diesem Aspekt zu untersuchen. Aber die menschliche Sprache ist offensichtlich auf völlig anderen Prinzipien aufgebaut. Ich glaube, daß dies ein wesentlicher Punkt ist, der oft von denen übersehen wurde, welche die menschliche Sprache als ein natürliches, biologisches Phänomen betrachten; aus diesen Gründen erscheint es mir ziemlich abwegig, über die Möglichkeit zu spekulieren, daß die menschliche Sprache sich aus einfacheren Systemen entwickelt haben könnte – vielleicht als ebenso absurd, wie wenn man über die »Evolution« der Atome aus Schwärmen von Elementarteilchen spekulieren wollte.

Soweit wir wissen, ist der Besitz der menschlichen Sprache mit einem spezifischen Typ von mentaler Organisation verbunden, nicht einfach ein höherer Grad von Intelligenz. Es scheint mir kein Grund zu der Annahme zu bestehen, daß die menschliche Sprache nur ein komplexerer Fall von etwas ist, was anderswo in der Tierwelt gefunden werden kann. Das wirft ein Problem für den Biologen auf, denn falls dies zutrifft, ist es ein Beispiel für einen echten »Entwicklungssprung« – für das Auftreten eines qualitativ anderen Phänomens auf einer spezifischen Stufe der Organisationskomplexität. Die Erkenntnis dieses Umstandes – obwohl in völlig anderen Begriffen formuliert – war für viele, deren hauptsächliches Interesse der Natur des Geistes galt, der Anlaß zu den klassischen Sprachstudien. Und es scheint mir, daß es auch heute noch keinen besseren oder vielversprechenderen Weg gibt, die wesentlichen und kennzeichnenden Eigenschaften der menschlichen Intelligenz zu erforschen, als den einer detaillierten Untersuchung der Struktur dieses einzigartigen menschlichen Besitzes. In diesem Falle aber ist es eine vernünftige Vermutung, daß, wenn empirisch adäquate generative Grammatiken konstruiert und die universalen Prinzipien, die ihre Struktur und Organisation beherrschen, festgelegt werden können, diese dann wesentliche Beiträge zur Humanpsychologie darstellen werden, und zwar auf eine Art, der ich mich jetzt im Detail zuwenden möchte.

Im Verlauf dieser Vorlesungen erwähnte ich einige der klassischen Ideen, welche die Sprachstruktur betreffen, sowie die gegenwärtigen Versuche, sie zu vertiefen und zu erweitern. Es scheint klar zu sein, daß wir die Sprachkompetenz – die Kenntnis einer Sprache – als ein abstraktes System betrachten müssen, das dem Verhalten zugrunde liegt, ein System, das aus Regeln konstruiert ist, die zusammenwirken, um die Form und die spezifische Bedeutung einer potentiell unendlichen Anzahl von Sätzen zu determinieren. Ein solches System – eine generative Grammatik – liefert ein Explikat der Humboldtschen Idee der »Form der Sprache«, die Humboldt in seinem berühmten, posthum erschienenen Werk *Über die Verschiedenheit des menschlichen Sprachbaues* in einer dunklen, aber bedeutungsschweren Bemerkung als »das in dieser Arbeit des Geistes, den artikulierten Laut zum Gedankenausdruck zu erheben, liegende Beständige und Gleichförmige« definiert. Eine derartige Grammatik definiert die Sprache im Humboldtschen Sinn, nämlich als »eine sich ewig erzeugende (...) wo die Gesetze der Erzeugung bestimmt sind, aber der Umfang und gewissermaßen auch die Art des Erzeugnisses gänzlich unbestimmt bleiben«.

In jeder Grammatik dieser Art gibt es besondere, idiosynkratische Elemente, deren Auswahl eine spezielle menschliche Sprache determiniert; und allgemeine, universale Elemente, Bedingungen für die Form und Organisation einer jeden menschlichen Sprache, die den Gegenstand einer Untersuchung der »universalen Grammatik« bilden. Zu den Prinzipien einer universalen Grammatik gehören jene, die ich in der vorigen Vorlesung behandelte – zum Beispiel die Prinzipien, welche Tiefen- und Oberflächenstruktur unterscheiden und die Klasse der transformationellen Operationen festlegen, die sie verbinden. Nebenbei bemerkt ist zu beachten, daß die Existenz von bestimmten Prinzipien der universalen Grammatik den Aufbau einer neuen Disziplin der mathematischen Linguistik ermöglicht, einer Disziplin, in der die Klasse der generativen Systeme, die den in der universalen Grammatik formulierten Bedingungen genügen, einer abstrakten Untersuchung unterzogen wird. Diese Untersuchung zielt darauf ab, die formalen Eigenschaften einer jeden möglichen menschlichen Sprache zu erarbeiten. Diese Disziplin steckt noch in ihren Kinderschuhen; erst in den letzten zehn Jahren ist die Möglichkeit eines solchen Unternehmens ins Blickfeld gerückt. In ihr gibt es einige vielversprechende Anfangsresultate, und sie legt eine mögliche Richtung zukünftiger Forschung nahe, die sich als sehr wichtig herausstellen könnte. So scheint die mathematische Linguistik, unter allen Ansätzen zur Mathematisierung in den Sozialwissenschaften und der Psychologie, zur Zeit in der einzigartig günstigen Lage zu sein, sich nicht nur als eine Theorie von Daten zu etablieren, sondern als eine Wissenschaft von hochgradig abstrakten Prinzipien und Strukturen, die den Charakter menschlicher mentaler Prozesse determinieren. In diesem Falle handelt es sich bei den in Frage stehenden mentalen Prozessen um solche, die mit der Organisation eines spezifischen Bereichs menschlicher Kenntnisse verbunden sind, nämlich der Sprachkenntnisse.

Die Theorie der generativen Grammatik, und zwar sowohl die der speziellen als auch die der universalen, weist auf eine Lücke in der Begrifflichkeit der psychologischen Theorie hin, die ich für erwähnenswert halte. Die Psychologie, begriffen als »Verhaltenswissenschaft«, hat sich mit dem Verhalten und dem Erwerb oder der Regelung von Verhaltensformen beschäftigt. Sie hat keinen Begriff, der dem der »Kompetenz« in dem Sinne entspricht, wie sie durch eine generative Grammatik charakterisiert ist. Die Lerntheorie hat sich selbst auf einen engen und sicherlich inadäquaten Begriff von dem, was gelernt wird, beschränkt – nämlich auf ein System von Stimulus-Response-Beziehungen, ein Netz von Assoziationen, ein Repertoire von Verhaltensweisen, eine Hierarchie von Gewohnheiten oder ein System von Dispositionen, unter spezifizierbaren Stimulus-Bedingungen in einer bestimmten Art zu reagieren.[5] Soweit die Verhaltenspsychologie bei der Erziehung oder bei der Therapie angewendet wurde, hat sie sich dementsprechend auf den Begriff dessen, »was gelernt wird«, beschränkt. Aber eine generative Grammatik kann nicht in diesem Sinne charakterisiert werden. Was zusätzlich zu dem Begriff von Verhalten und Lernen notwendig ist, ist ein Begriff von dem, was gelernt wird – ein Begriff von Kompetenz –, der jenseits der begrifflichen Grenzen der behavioristischen psychologischen Theorie liegt. Wie große Teile der modernen Linguistik und der modernen Sprachphilosophie hat auch die behavioristische Psychologie ganz bewußt methodologische Restriktionen akzep-

---

[5] Diese Beschränkung zeigt sich z. B. in solchen Äußerungen wie der von W. M. Wiest in »Recent Criticisms of Behaviorism and Learning« (in *Psychological Bulletin*, Vol. 67, Nr. 3, 1967, S. 214-225): »Ein empirischer Nachweis..., daß ein Kind die Regeln der Grammatik gelernt hat, bestünde darin, daß es die verbale Performanz an den Tag legt, die man ›das Äußern der Regeln der Grammatik‹ nennt. Daß diese Performanz gewöhnlich nicht ohne eine spezielle Schulung erworben wird, wird von vielen Gymnasiallehrern bezeugt. Man kann sogar grammatisch ganz korrekt sprechen, ohne jemals die Regeln der Grammatik explizit gelernt zu haben.« Wiests Unvermögen, sich vorzustellen, daß es auch eine andere Bedeutung haben kann, wenn man davon spricht, das Kind habe die Regeln der Grammatik gelernt, beweist jenen Mangel an Begrifflichkeit, den wir hier erörtern. Da er es ablehnt, die Frage, *was* gelernt wird, zu berücksichtigen und diesen Begriff zu klären, bevor man fragt, *wie* dieses gelernt wird, kann er unter »Grammatik« lediglich die »Regelmäßigkeiten des Verhaltens beim Verstehen und Hervorbringen der Rede« verstehen – eine Charakterisierung, die, wie die Dinge liegen, völlig nichtssagend ist, da es keine »Regelmäßigkeiten des Verhaltens« gibt, die mit (ganz zu schweigen von »in«) dem Verstehen und dem Hervorbringen der Rede assoziiert sind. Man kann einigen Wissenschaftlern den Wunsch nicht verübeln, den »Erwerb und die Praktizierung des *tatsächlich vorkommenden Sprachverhaltens*« (ebenda) zu untersuchen. Es bleibt jedoch nachzuweisen, daß diese Untersuchung etwas mit Sprachwissenschaft zu tun hat. Bis jetzt sehe ich keine Anzeichen dafür, daß dieser Anspruch begründet werden kann.

tiert, welche die Untersuchung von Systemen mit der notwendigen Komplexität und Abstraktion nicht mehr zulassen.[6] In der Zukunft könnte es ein bedeutender Beitrag der Sprachwissenschaft zur Allgemeinen Psychologie sein, die Aufmerksamkeit auf diese Unzulänglichkeit in der Begrifflichkeit zu lenken und zu zeigen, wie sie durch die Darlegung eines Systems zugrundeliegender Kompetenz in einem Bereich menschlicher Intelligenz überwunden werden könnte.

Es ist unmittelbar einleuchtend, daß jeder Aspekt der Psychologie letztlich auf der Beobachtung des Verhaltens beruht. Aber es ist durchaus nicht einleuchtend, daß die Untersuchung des Lernens direkt zu einer Untersuchung der Faktoren, die das Verhalten regeln, oder der Bedingungen, unter denen ein »Verhaltensrepertoire« aufgebaut wird, führen soll. Es ist zunächst notwendig, die signifikanten Eigenschaften dieses Verhaltensrepertoires zu bestimmen, die Prinzipien, nach denen es organisiert ist. Eine Untersuchung des Lernens kann sinnvollerweise erst dann erfolgen, wenn diese vorgängige Aufgabe gelöst ist und man zu einer vernünftigen, gut bestätigten Theorie der zugrunde liegenden Kompetenz gelangt ist – das heißt im Fall der Sprache: zur Formulierung der generativen Grammatik, die dem beobachteten Sprachgebrauch zugrunde liegt. Eine solche Untersuchung betrifft die Relation zwischen den Daten, die einem Organismus verfügbar sind, und der Kompetenz, die er erwirbt; nur in dem Ausmaß, in dem es gelingt, durch einen Abstraktionsprozeß die Kompetenz zu isolieren – im Falle der Sprache: in dem Ausmaß, in dem die postulierte Grammatik in dem in Vorlesung 2 beschriebenen Sinne »deskriptiv adäquat« ist –, kann man hoffen, bei einer Untersuchung des Lernens sinnvolle Resultate zu erzielen. Wenn die Organisation des Verhaltensrepertoires in irgendeinem Bereich gänzlich trivial und elementar ist, wird es wenig schaden, wenn man die inter-

6 Vgl. für eine von diesem Standpunkt aus geführte Diskussion des Werkes von Quine und Wittgenstein meine Arbeit »Some Empirical Assumptions in Modern Philosophy of Language«, in S. Morgenbesser, P. Suppes und M. White, Hrsg., *Essays in Honor of Ernest Nagel* (New York: St. Martin's, 1969).

mediäre Stufe der theoretischen Konstruktion ausläßt, in der versucht wird, die erworbene Kompetenz genau zu charakterisieren. Aber man darf nicht darauf rechnen, daß dies der Fall ist, und in der Sprachwissenschaft ist es sicher nicht der Fall. Mit einer reicheren und adäquateren Charakterisierung dessen, »was gelernt wird« – der zugrunde liegenden Kompetenz, die den »Endzustand« des Organismus darstellt, der untersucht wird –, bestünde die Möglichkeit, die Aufgabe in Angriff zu nehmen, eine Theorie des Lernens zu konstruieren, deren Umfang weit weniger eingeschränkt sein würde, als es der der modernen Verhaltenspsychologie ist. Sicher ist es abwegig, methodologische Einschränkungen hinzunehmen, die einen solchen Ansatz gegenüber den Problemen des Lernens ausschließen.

Gibt es andere Gebiete der menschlichen Kompetenz, im Hinblick auf die man hoffen kann, eine erfolgversprechende Theorie zu entwickeln, die jener der generativen Grammatik analog ist? Obwohl dies eine sehr wichtige Frage ist, kann man darüber heute kaum etwas sagen. Man könnte zum Beispiel das Problem erörtern, wie jemand dazu kommt, einen bestimmten Begriff des drei-dimensionalen Raumes zu erlangen oder, in ähnlicher Weise, eine immanente »Theorie der menschlichen Handlungen« zu erwerben. Solch eine Untersuchung würde mit dem Versuch beginnen, die immanente Theorie zu charakterisieren, die der aktualen Performanz zugrunde liegt, und sich dann der Frage zuwenden, wie sich diese Theorie unter den gegebenen Bedingungen der Zeit und des Zugangs zu Daten entwickelt – das heißt in welcher Art das sich ergebende System von Meinungen durch die Wechselwirkung zwischen verfügbaren Daten, »heuristischen Prozeduren« und dem angeborenen Schematismus determiniert ist, der die Form des erworbenen Systems restringiert und bedingt. Aber im Moment ist dies nichts weiter als eine Skizze für ein Forschungsprogramm.

Es gab einige Versuche, die Struktur anderer, sprachähnlicher Systeme zu untersuchen – man kann beispielsweise an die Untersuchung von Verwandtschaftssystemen und Brauchtums-Taxonomien denken. Aber zumindest bis heute wurde in diesen Bereichen nichts entdeckt, was auch nur entfernt mit der Sprache vergleichbar wäre. Keiner hat, soweit ich weiß, mehr Gedanken auf dieses Problem verwandt als Lévi-Strauss. Sein letztes Buch über die Kategorien der primitiven Mentalität[7] zum Beispiel stellt einen ernsthaften und durchdachten Versuch dar, sich mit diesem Problem auseinanderzusetzen. Doch sehe ich nicht, welche Konsequenzen sich aus seinem Material ergeben könnten außer der, daß das wilde Denken versucht, der physikalischen Welt irgendeine Ordnung aufzuprägen – also daß Menschen klassifizieren, wenn sie überhaupt mentale Akte ausführen. Besonders die bekannte Kritik des Totemismus von Lévi-Strauss scheint auf kaum mehr als auf diese Schlußfolgerung hinauszulaufen.

Lévi-Strauss orientiert seine Untersuchungen ganz bewußt an der strukturellen Linguistik, besonders an den Arbeiten von Trubetzkoy und Jakobson. Er hat wiederholt und völlig zu Recht hervorgehoben, daß man nicht einfach Verfahren, die einer phonemischen Analyse analog sind, auf gesellschaftliche und kulturelle Subsysteme anwenden könne. Vielmehr beschäftigt er sich mit Strukturen, »wo man sie möglicherweise findet ..., in den Systemen der Verwandtschaft, der politischen Ideologie, der Mythologie, des Rituals, der Kunst« und so weiter[8], und er möchte die formalen Eigenschaften dieser Strukturen mit den ihnen gemäßen Methoden untersuchen. Aber es sind mehrere Vorbehalte angebracht, wenn die strukturelle Linguistik auf diese Art als Modell benutzt wird. Zum einen ist die Struktur eines phonologischen Systems als Formalobjekt nur wenig interessant; es gibt, vom formalen Standpunkt aus, über eine Menge von ungefähr vierzig Elementen, die vermittels der kreuzweisen Kombination von acht oder zehn Merkmalen klassifiziert sind, nichts Signifikantes zu sagen. Die Bedeutung der strukturalistischen Phonologie, wie sie von Trubetzkoy, Jakobson und anderen entwickelt wurde, liegt nicht in

---

7 C. Lévi-Strauss, *Das wilde Denken* (Frankfurt: Suhrkamp, 1968).
8 C. Lévi-Strauss, *Strukturale Anthropologie* (Frankfurt: Suhrkamp, 1967), S. 100.

den formalen Eigenschaften eines phonemischen Systems, sondern in dem Umstand, daß eine ziemlich kleine Anzahl von Merkmalen, die in absoluten, von den Einzelsprachen unabhängigen Begriffen spezifiziert werden können, die Basis für die Organisation aller phonologischen Systeme zu bilden scheint. Die Leistung der strukturalistischen Phonologie bestand darin zu zeigen, daß die phonologischen Regeln einer großen Anzahl unterschiedlicher Sprachen sich auf Klassen von Elementen anwenden lassen, die vermittels dieser Merkmale ganz einfach charakterisiert werden können; und daß die historische Veränderung diese Klassen in einer einförmigen Weise betrifft; und daß die Organisation der Merkmale eine entscheidende Rolle beim Gebrauch und Erwerb der Sprache spielt. Dies war eine Entdeckung von allergrößter Bedeutung, und sie liefert die Grundlage für einen großen Teil der heutigen Linguistik. Aber wenn wir von der spezifischen, universalen Menge von Merkmalen und dem Regelsystem, in dem sie fungieren, abstrahieren, bleibt wenig übrig, das signifikant ist.

Darüber hinaus zeigen die gegenwärtigen Arbeiten über Phonologie in einem immer größeren Ausmaß, daß der wahre Reichtum phonologischer Systeme nicht in den strukturellen *patterns* der Phoneme liegt, sondern vielmehr in den komplizierten Regelsystemen, durch die diese *patterns* gebildet, modifiziert und erarbeitet werden.[9] Die strukturellen *patterns*, die auf verschiedenen Ableitungsstufen entstehen, sind eine Art von Epiphänomenen. Das System der phonologischen Regeln macht auf grundsätzliche Art von den universalen Merkmalen Gebrauch[10], aber es sind, wie mir scheint, die Eigenschaften des Regelsystems, die wirklich Licht auf die spezifische Natur der Organisation der Sprache werfen. Es scheint zum Beispiel sehr generelle Bedingungen zu geben, wie das Prinzip der zykli-

---

9 Vgl. die Erörterung in der voraufgehenden Vorlesung und die dort angeführte Literatur.
10 Die Untersuchung der universalen Merkmale ist selbst noch beträchtlich im Fluß. Zur neueren Diskussion vgl. N. Chomsky und M. Halle, *The Sound Pattern of English* (New York: Harper & Row, 1968), Kapitel 7.

schen Ordnung (das in der vorigen Vorlesung besprochen wurde) und andere, noch abstraktere, die die Anwendung dieser Regeln beherrschen, und es gibt viele interessante und ungelöste Fragen im Hinblick darauf, wie die Wahl der Regeln durch immanente, universale Relationen zwischen Merkmalen determiniert wird. Weiterhin wird auch die Idee einer mathematischen Untersuchung der Sprachstrukturen, auf die Lévi-Strauss gelegentlich anspielt, nur dann sinnvoll, wenn man Regelsysteme mit infiniter generativer Kapazität in Betracht zieht. Es gibt nichts über die abstrakte Struktur der verschiedenen *patterns* zu sagen, die auf verschiedenen Ableitungsstufen auftreten. Wenn das richtig ist, kann man nicht erwarten, daß die strukturalistische Phonologie als solche ein praktikables Modell für die Erforschung anderer kultureller und sozialer Probleme liefert.

Im allgemeinen erscheint mir die Ausweitung der Begriffe, die zur Beschreibung von sprachlichen Strukturen dienen, auf andere kognitive Systeme zur Zeit nicht gerade vielversprechend zu sein, obwohl es ohne Zweifel noch zu früh ist, um pessimistisch zu sein.

Bevor ich mich den generellen Implikationen der Untersuchung der Sprachkompetenz und speziell den Konsequenzen zuwende, die sich aus der universalen Grammatik ergeben, ist es angebracht, den Status dieser Konsequenzen im Lichte dessen auszumachen, was gegenwärtig über die mögliche Verschiedenheit der Sprachen bekannt ist. In meiner ersten Vorlesung zitierte ich die Bemerkungen von William Dwight Whitney über das, was er als die »unendliche Mannigfaltigkeit der menschlichen Sprache« bezeichnete, jene grenzenlose Verschiedenartigkeit, die seiner Meinung nach den Anspruch einer philosophischen Grammatik auf psychologische Relevanz untergräbt.

Vertreter der philosophischen Grammatik hatten charakteristischerweise behauptet, daß die Sprachen in ihrer Tiefenstruktur wenig voneinander abweichen, obwohl ihr oberflächliches Erscheinungsbild große Unterschiede aufweisen kann. Nach dieser Ansicht gibt es eine zugrunde liegende Struktur von grammatischen Relationen und Kategorien, und gewisse Aspekte des menschlichen Denkens und der menschlichen Mentalität sind im wesentlichen über alle Sprachen hinweg invariant, obwohl die einzelnen Sprachen so variieren können, daß sie die grammatischen Relationen formal zum Beispiel entweder durch Flexion oder durch die Wortstellung ausdrücken. Darüber hinaus zeigt eine Untersuchung ihrer Werke, daß angenommen wurde, die zugrunde liegenden rekursiven Prinzipien, welche die Tiefenstruktur erzeugen, seien in einer gewissen Art restringiert – zum Beispiel durch die Bedingung, daß neue Strukturen nur durch die Einführung eines neuen »propositionalen Inhaltes« gebildet werden, neue Strukturen, die ihrerseits aktualen einfachen Sätzen korrespondieren, und zwar in festen Positionen in bereits gebildeten Strukturen. Auf ähnliche Art müssen die grammatischen Transformationen, die Oberflächenstrukturen vermittels Umordnung, Ellipsenbildung und anderer formaler Operationen bilden, selbst gewissen festen generellen Bedingungen genügen, wie etwa denen, die in der vorausgegangenen Vorlesung erörtert wurden. Kurz: die Theorien der philosophischen Grammatik und die neueren Ausarbeitungen dieser Theorien nehmen an, daß die Sprachen sich nur sehr wenig unterscheiden – trotz beachtlicher Verschiedenheiten in ihrer Oberflächenrealisation –, sobald wir ihre tieferen Strukturen aufdecken und ihre Grundmechanismen und -prinzipien bloßlegen.

Es ist interessant zu beobachten, daß diese Annahme sich sogar in der Periode der deutschen Romantik behauptete, die, aus naheliegenden Gründen, ein starkes Interesse an der Verschiedenheit der Kulturen und an den mannigfaltigen Möglichkeiten der geistigen Entwicklung des Menschen hatte. So vertrat Wilhelm von Humboldt, an den man heute am ehesten wegen seiner Annahmen im Hinblick auf die Verschiedenheit der Sprachen und die Verbindung unterschiedlicher Sprachstrukturen mit unterschiedlichen »Weltansichten« denkt, nichtsdestoweniger die Meinung, daß man, als einer jeden menschlichen Sprache zugrunde liegend, ein System finden wird, das universal ist und auf einfache Art die einzigartigen geistigen Attribute des Menschen zum Ausdruck bringt. Aus diesem Grunde konnte er die rationalistische Ansicht vertreten, daß Sprache nicht wirklich gelernt – und sicher nicht gelehrt – wird, sondern sich vielmehr, auf eine im wesentlichen prädeterminierte Art, »von innen« entwickelt, wenn die erforderlichen Umweltbedingungen gegeben sind. Man kann die Muttersprache nicht eigentlich lehren, sondern, wie er argumentiert, »man kann ihr nur den Faden hingeben, an dem sie sich von selbst entwickelt«, durch Prozesse, die eher einem Reifen als einem Erlernen gleichkommen. Dieses platonistische Element ist beherrschend im Denken Humboldts; für Humboldt war es ebenso natürlich, eine im wesentlichen platonistische Theorie des »Lernens« vorzulegen, wie es für Rousseau natürlich war, seine Kritik an repressiven sozialen Institutionen auf einen Begriff von menschlicher Freiheit zu gründen, der sich von streng cartesianischen Annahmen über die Grenzen der mechanischen Erklärung herleitet. Und es scheint berechtigt zu sein, sowohl die Psychologie als auch die Linguistik der Romantik weitgehend als natürliche Ableger der rationalistischen Konzeption darzustellen.[11]

Der Einwand, den Whitney gegenüber Humboldt und der philosophischen Grammatik überhaupt geltend machte, ist von erheblicher Bedeutung, und zwar im Hinblick auf die Implikationen, welche die Linguistik für die allgemeine Humanpsychologie hat. Selbstverständlich können diese Implikationen nur dann wirklich weitreichend sein, wenn die rationalistische Ansicht im wesentlichen zutrifft; in diesem Falle kann die Struktur der Sprache sowohl unter ihren speziellen als auch unter ihren universalen Aspekten als ein getreuer »Spiegel des Geistes« dienen. Nun ist die Meinung weitverbreitet, daß die moderne Anthropologie die Annahmen der rationalistischen Vertreter einer universalen Grammatik als falsch erwiesen hat, indem sie mit empirischen Untersuchungen demonstrierte, wie verschiedenartig die Sprachen in der Tat sein können. Whit-

11 Zur Erörterung dieser Thematik vgl. meine *Cartesian Linguistics* (New York: Harper & Row, 1966).

neys Behauptungen über die Verschiedenartigkeit der Sprachen werden durch die gesamte neuere Zeit hindurch wiederholt; Martin Joos zum Beispiel spricht bloß diese gängige Weisheit aus, wenn er es für das fundamentale Resultat der modernen anthropologischen Linguistik hält, daß »Sprachen sich in einem unbegrenzten Maße und in unbegrenzten Richtungen voneinander unterscheiden können«.[12]

Der Glaube, daß die anthropologische Linguistik die Konzepte der universalen Grammatik zerstört habe, scheint mir unter zwei wichtigen Aspekten völlig falsch zu sein. Erstens mißdeutet er jene Annahme der klassischen rationalistischen Grammatik, derzufolge Sprachen einander nur auf einer tieferliegenden Ebene ähnlich sind, nämlich der Ebene, auf der grammatische Relationen zum Ausdruck gebracht werden, und auf der sich diejenigen Prozesse abspielen, die den kreativen Aspekt des Sprachgebrauchs sicherstellen. Zweitens schließt dieser Glaube eine schwerwiegende Fehldeutung der Resultate der anthropologischen Linguistik ein, die sich in der Tat fast vollständig auf ziemlich oberflächliche Aspekte der Sprachstruktur beschränkt hat.

Dies soll keine Kritik an der anthropologischen Linguistik sein, die mit ihren eigenen, vordringlichen Problemen konfrontiert ist – insbesondere mit dem Problem, zumindest einige Dokumentationen der rasch aussterbenden Sprachen der primitiven Welt zu erhalten. Dennoch ist es wichtig, sich dieser fundamentalen Beschränkung, die ihren Leistungen gesetzt ist, bewußt zu sein, wenn man erwägt, welches Licht sie auf die Sätze der universalen Grammatik werfen kann. Anthropologische Untersuchungen (wie strukturelle linguistische Untersuchungen

12 M. Joos, Hrsg., *Readings in Linguistics*, 4. Aufl. (Chicago: University of Chicago Press, 1966), S. 228. Dies wird als die »Boas-Tradition« bezeichnet. Joos behauptet, daß die amerikanische Linguistik »ihre entscheidende Richtung erhielt, als entschieden wurde, daß eine Eingeborenensprache ohne jegliches vorgegebenes Schema dessen beschrieben werden könne, was eine Sprache sein soll« (S. 1). Natürlich konnte dies nicht im strengen Sinne des Wortes gelten – in den Analyseverfahren selbst kommt eine Hypothese über die mögliche Verschiedenartigkeit der Sprachen zum Ausdruck. Nichtsdestoweniger ist Joos' Charakterisierung ziemlich zutreffend.

überhaupt) versuchen nicht, die zugrunde liegende Basis generativer Prozesse in der Sprache aufzudecken – nämlich der Prozesse, die die tieferliegenden Strukturebenen determinieren und die das systematische Verfahren darstellen, immer neue Satztypen zu erzeugen. Daher ist es klar, daß sie keine wirkliche Beziehung zu der klassischen Annahme haben können, daß diese zugrunde liegenden generativen Prozesse von Sprache zu Sprache nur leicht variieren. In der Tat legt das heute verfügbare Datenmaterial die folgende Vermutung nahe: wenn die universale Grammatik ernste Mängel aufweist, wie es von einem modernen Standpunkt aus durchaus festzustellen ist, dann liegen diese Mängel darin begründet, daß sie es nicht vermocht hat, die abstrakte Natur der Sprachstruktur zu erkennen und der Form jeder menschlichen Sprache genügend starke und restriktive Bedingungen aufzuerlegen. Und ein charakteristisches Merkmal der gegenwärtigen linguistischen Forschung ist das Interesse an sprachlichen Universalien, die von solcher Art sind, daß sie nur durch eine detaillierte Untersuchung einzelner Sprachen aufgedeckt werden können – Universalien, die die Eigenschaften der Sprache bedingen, die innerhalb des beschränkten Rahmens, der, oft aus sehr guten Gründen, in der anthropologischen Linguistik gewählt wurde, der Untersuchung einfach nicht zugänglich sind.

Wenn man das klassische Problem der Psychologie, nämlich das der Erklärung des menschlichen Wissens, betrachtet, so kann man, glaube ich, nicht umhin, angesichts der enormen Diskrepanz zwischen Wissen und Erfahrung verblüfft zu sein – im Fall der Sprache gilt Ähnliches für die Diskrepanz zwischen der generativen Grammatik, die die Sprachkompetenz des Sprechers ausdrückt, und den dürftigen und entstellten Daten, auf deren Grundlage er sich diese Grammatik konstruiert hat. Im Prinzip sollte die Lerntheorie dieses Problem behandeln; in der Wirklichkeit aber geht sie an dem Problem vorbei, und zwar wegen jenes Mangels an Begrifflichkeit, den ich zuvor erwähnt habe. Das Problem kann noch nicht einmal in irgendeiner vernünftigen Weise formuliert werden, bevor man nicht, neben den Begriffen »Lernen« und »Verhalten«, den Begriff der Kompetenz entwickelt und diesen Begriff auf irgendeinem Gebiet anwendet. Es ist eine Tatsache, daß dieser Begriff bis jetzt nur in der Untersuchung der menschlichen Sprache weitgehend entwickelt und angewandt worden ist. Nur auf diesem Gebiet hat man die ersten Schritte zu einer Erklärung der Kompetenz getan, nämlich in Gestalt der fragmentarischen generativen Grammatiken, die für einzelne Sprachen konstruiert worden sind. Angesichts der Fortschritte in der Sprachwissenschaft können wir mit einiger Zuversicht erwarten, daß diese Grammatiken in Umfang und Tiefe erweitert werden, wenn es auch kaum eine Überraschung wäre, wenn die ersten Vorschläge sich als in fundamentaler Weise irrig erweisen sollten.

Insoweit wir eine erste, noch vorläufige Annäherung an eine generative Grammatik irgendeiner Sprache haben, sind wir zum erstenmal in der Lage, auf sinnvolle Art das Problem des Ursprungs des Wissens zu formulieren. Mit anderen Worten, wir können die Frage stellen: Welche Initialstruktur muß man dem Geist zuschreiben, auf Grund derer er in der Lage ist, solch eine Grammatik aus den Sinnesdaten zu konstruieren. Einige der empirischen Bedingungen, denen jede derartige Annahme über eine angeborene Struktur gerecht werden muß, sind ziemlich klar. So scheint diese Struktur eine artspezifische Fähigkeit zu sein, die im wesentlichen unabhängig von der Intelligenz ist, und wir können ziemlich gut die Menge der Daten abschätzen, die zur erfolgreichen Bewältigung der genannten Aufgabe nötig ist. Wir wissen, daß die Grammatiken, die wirklich konstruiert werden, unter den Sprechern derselben Sprache nur leicht variieren, trotz einer großen Unterschiedlichkeit nicht nur der Intelligenz, sondern auch der Bedingungen, unter denen die Sprache erworben wird. Als Angehörige einer bestimmten Kultur sind wir uns natürlich der großen Unterschiede in der Fähigkeit, Sprache zu gebrauchen, in der Kenntnis des Vokabulars usw. bewußt, die sich aus Unterschieden in der angeborenen Fähigkeit und aus

Unterschieden in den Bedingungen des Spracherwerbs ergeben; natürlicherweise schenken wir den Ähnlichkeiten und den Kenntnissen, die allen gemeinsam sind, viel weniger Aufmerksamkeit, da wir diese als selbstverständlich hinnehmen. Aber wenn es uns gelingt, die erforderliche psychische Distanz einzunehmen, wenn wir die generativen Grammatiken, die für verschiedene Sprecher derselben Sprache postuliert werden müssen, tatsächlich vergleichen, können wir feststellen, daß die Ähnlichkeiten, die wir so einfach annehmen, durchaus markant sind und daß die Divergenzen geringfügig und marginal sind. Mehr noch, es scheint, daß Dialekte, die an der Oberfläche ziemlich weit voneinander entfernt, ja sogar bei einem ersten Kontakt kaum gegenseitig verständlich sind, einen großen zentralen Fundus gemeinsamer Regeln und Prozesse aufweisen und sich in den zugrunde liegenden Strukturen, die durch lange historische Epochen hindurch unveränderlich zu bleiben scheinen, nur sehr leicht voneinander unterscheiden. Darüber hinaus entdecken wir ein substantielles System von Prinzipien, die sich nicht einmal in solchen Sprachen voneinander unterscheiden, die, soweit wir wissen, keinerlei Verwandtschaft miteinander aufweisen.

Die zentralen Probleme auf diesem Gebiet sind empirische Probleme, die, zumindest im Prinzip, ganz klar zu Tage liegen, wie schwierig es auch sein mag, sie in befriedigender Weise zu lösen. Wir müssen eine angeborene Struktur postulieren, die reich genug ist, die Divergenz zwischen Erfahrung und Wissen zu erklären, eine Struktur, die die Konstruktion empirisch gerechtfertigter generativer Grammatiken innerhalb der gegebenen Beschränkung in bezug auf die Zeit und den Zugang zu Daten erklären kann. Zugleich darf diese postulierte angeborene mentale Struktur nicht so reich und restriktiv sein, daß sie gewisse bekannte Sprachen ausschließt. Mit anderen Worten, es gibt eine obere und eine untere Grenze für den Grad und die bestimmte Qualität der Komplexität dessen, was als angeborene mentale Struktur postuliert werden kann. Die tatsächliche Situation ist ungeklärt genug, um Meinungsverschiedenheiten über die wahre Natur dieser angeborenen mentalen Struktur, die den Erwerb von Sprache ermöglicht, breiten Raum zu lassen. Es scheint mir jedoch außer Zweifel zu stehen, daß dies ein empirisches Problem ist, ein Problem, das gemäß den Perspektiven, die ich soeben grob umrissen habe, gelöst werden kann.

Nach meiner eigenen Einschätzung der Lage besteht das wahre Problem für morgen darin, eine hinreichend komplexe Hypothese über die angeborene Struktur zu entwickeln, und nicht darin, eine zu finden, die einfach oder elementar genug ist, um »plausibel« zu sein. Es gibt, soweit ich sehe, keinen vernünftigen Begriff von »Plausibilität«, keine apriorische Einsicht, welche angeborenen Strukturen zulässig sind, die die Suche nach einer »hinreichend elementaren Hypothese« leiten könnte. Es wäre genauso bloßer Dogmatismus, ohne Argumente oder Datenmaterial zu behaupten, daß der Geist in seiner angeborenen Struktur einfacher als andere biologische Systeme sei, wie es bloßer Dogmatismus wäre, darauf zu bestehen, daß die Organisation des Geistes notwendigerweise gewissen starren Prinzipien folgen müsse, die vor aller Untersuchung festgelegt und in Mißachtung aller empirischen Befunde aufrecht erhalten werden. Ich glaube, daß die Untersuchung der Probleme des Geistes sehr nachdrücklich durch eine Art Apriorismus beeinträchtigt wurde, von dem aus diese Probleme im allgemeinen in Angriff genommen wurden. Insbesondere scheinen mir die empiristischen Annahmen, die jahrelang die Untersuchungen des Problems, wie Wissen erworben wird, beherrscht haben, ohne jede Berechtigung gemacht worden zu sein und keinen ausgezeichneten Status unter den vielen Möglichkeiten zu besitzen, die man sich hinsichtlich der Funktionsweise des Geistes vorstellen könnte. Es ist in diesem Zusammenhang erhellend, die Diskussion zu verfolgen, die sich entwickelt hat, seit die Ansichten, die ich soeben skizziert habe, vor einigen Jahren als Forschungsprogramm vorgebracht wurden – ich sollte sagen, seit diese Position wieder zum Leben erweckt wurde, denn in einem beträchtlichen Maß handelt es sich um den traditionellen rationalistischen Ansatz, der jetzt erweitert, präzisiert und weitaus expliziter gemacht wurde, und zwar vermittels der vorläufigen Resultate, zu denen die neueren Untersuchungen der Sprachkompetenz gelangt sind. Zwei hervorragende amerikanische Philosophen, Nelson Goodman und Hilary Putnam, haben neue Beiträge zu dieser Diskussion geliefert – beide sind meiner Meinung nach zwar falsch konzipiert, sie sind aber aufschlußreich gerade in der Fehlkonzeption, die in ihnen sichtbar wird.[13]

Goodmans Behandlung der Frage leidet erstens an einem Mißverständnis historischer Gegebenheiten und zweitens an dem Versäumnis, die eigentliche Natur des Problems, wie Wissen erworben wird, korrekt zu formulieren. Sein Mißverständnis der Historie hat mit der Auseinandersetzung zwischen Locke und all denen zu tun, die Locke in seiner Erörterung der angeborenen Idee zu kritisieren glaubte. Goodman zufolge »machte Locke es überaus klar«, daß die Lehre von den angeborenen Ideen »falsch oder sinnlos« ist. In Wirklichkeit jedoch ist Lockes Kritik kaum relevant für irgendeine gängige Lehre des 17. Jahrhunderts. Die von Locke angeführten Argumente wurden im 17. Jahrhundert in frühesten Arbeiten über angeborene Ideen auf ganz zufriedenstellende Art in Rechnung gestellt und abgehandelt, z. B. in denen von Lord Herbert und Descartes, die es beide als selbstverständlich annahmen, daß das System der angeborenen Ideen und Prinzipien nur dann funktioniere, wenn eine einschlägige Stimulation stattgefunden

---

[13] N. Goodman, »The Epistemological Argument«, und H. Putnam, »The Innateness Hypothesis and Explanatory Models in Linguistics«. Diese Arbeiten wurden zusammen mit einer Arbeit von mir bei dem Symposium über angeborene Ideen vorgelegt, das im Dezember 1966 von der Amerikanischen Philosophischen Gesellschaft und dem Bostoner Colloqium für Philosophie der Wissenschaft veranstaltet wurde. Die drei Abhandlungen erschienen in *Synthèse*, Vol. 17, Nr. 1, 1967, S. 2–28, und in R. S. Cohen und M. M. Wartofsky, Hrsg., *Boston Studies in the Philosophy of Science*, Vol. 3 (New York: Humanities, 1968), S. 81–107. Eine ausführliche Erörterung der Arbeiten Putnams und Goodmans und einer Anzahl anderer findet sich in meinem Beitrag zu dem Symposium »Linguistics and Philosophy«, New York University, April 1968, der in S. Hook, Hrsg., *Philosophy and Language* (New York: University Press) erscheint.

habe. Lockes Argumente, von denen keines diese Bedingung zur Kenntnis nahm[14], sind deshalb nicht zutreffend; aus irgendwelchen Gründen umging er die Probleme, die in dem voraufgehenden halben Jahrhundert erörtert worden waren. Darüber hinaus machte es, wie Leibniz bemerkte, Lockes Bereitschaft, sich eines Prinzips der »Reflexion« zu bedienen, fast unmöglich, seinen eigenen Ansatz von dem der Rationalisten zu unterscheiden, ganz abgesehen von seinem Versäumnis, auch nur den von seinen Vorgängern gewiesenen Weg in Richtung auf eine Spezifizierung des Charakters dieses Prinzips zu begehen.

Doch abgesehen von historischen Fragen, glaube ich, daß Goodman auch das eigentliche Problem falsch sieht. Er macht geltend, daß das Erlernen der Muttersprache kein wirkliches Problem darstellt, da das Kind schon vor dem Erlernen der Muttersprache die Rudimente eines symbolischen Systems in seinem gewöhnlichen Verhalten gegenüber der Umwelt erworben habe. Demnach ist das Erlernen der Muttersprache dem Erlernen einer Fremdsprache darin analog, daß der fundamentale Schritt schon getan ist und daß Details innerhalb eines bereits bestehenden Rahmens erarbeitet werden können. Dieses Argument könnte eine Überzeugungskraft haben, wenn es möglich wäre, zu zeigen, daß die spezifischen Eigenschaften der Grammatik – z. B. die Unterscheidung von Tiefen- und Oberflächenstruktur, die spezifischen Eigenschaften grammatischer Transformationen, die Prinzipien der Ordnung von Regeln

---

14 Diese Beobachtung stellt einen Gemeinplatz dar. Vgl. zum Beispiel den Kommentar von A. C. Fraser in seiner Ausgabe von Lockes *Essays Concerning Human Understanding*, 1894 (neu aufgelegt bei Dover, 1959), Anmerkungen 1 und 2, Kapitel 1 (S. 38 der Dover-Ausgabe). Wie Fraser anmerkt, ist Descartes' Position so, daß »Lockes Argument sie niemals treffen kann... Locke greift [die Hypothese der angeborenen Ideen] ... in ihrer gröbsten Form an, in der sie von keinem ihrer herausragenden Vertreter verfochten wird«. Goodman ist es freigestellt, den Terminus »angeborene Idee« in Übereinstimmung mit Lockes Fehlinterpretation der Lehre zu gebrauchen, wenn er es wünscht, aber nicht, wie er es tut, die »Sophisterei« anzugreifen, wenn andere die rationalistische Lehre in der Form, in der sie tatsächlich vorgelegt wurde, untersuchen und entwickeln.

usw. – in irgendeiner Form in diesen schon erworbenen vorsprachlichen »symbolischen Systemen« vorhanden wären. Aber da nicht der geringste Grund besteht zu glauben, daß dies so sei, erledigt sich dieses Argument. Es gründet sich auf eine Äquivokation, die derjenigen ähnlich ist, die zuvor im Zusammenhang mit dem Argument diskutiert wurde, daß sich die Sprache aus tierischer Kommunikation entwickelt habe. In jenem Fall war das Argument eine Folge des metaphorischen Gebrauchs des Terminus »Sprache«. Im Falle Goodmans gründet sich das Argument vollständig auf einen vagen Gebrauch des Begriffs »symbolisches System«, und es erledigt sich, sobald wir diesem Begriff eine präzise Bedeutung zu geben versuchen. Wenn es möglich wäre zu zeigen, daß diese vorsprachlichen symbolischen Systeme gewisse signifikante Eigenschaften mit der natürlichen Sprache gemeinsam haben, dann könnten wir geltend machen, daß diese Eigenschaften der natürlichen Sprache durch Analogie erworben würden. Wir würden dann natürlich dem Problem gegenüberstehen zu erklären, wie die vorsprachlichen symbolischen Systeme diese Eigenschaften entwickelt haben. Aber da es niemandem zu zeigen gelungen ist, daß die fundamentalen Eigenschaften der natürlichen Sprache – diejenigen z. B., die in der 2. Vorlesung erörtert wurden – in vorsprachlichen oder irgendwelchen anderen symbolischen Systemen auftreten, stellt sich das letztgenannte Problem nicht. Der Grund, weshalb das Problem der Erlernung einer Fremdsprache von dem der Erlernung der Muttersprache verschieden ist, liegt Goodman zufolge darin, daß »eine Sprache, die einmal zur Verfügung steht«, dafür benutzt werden kann, Erklärungen und Instruktionen zu liefern. Er argumentiert dann weiter, daß »der Erwerb der Muttersprache der Erwerb eines sekundären symbolischen Systems ist« und darin dem normalen Erwerb einer Fremdsprache völlig gleichkommt. Die primären symbolischen Systeme, auf die er sich bezieht, sind »rudimentäre vorsprachliche symbolische Systeme, in denen Gesten sowie sensorische Vorgänge und Wahrnehmungsvorgänge aller Art als Zeichen fungieren«. Aber offenkundig können diese

vorsprachlichen symbolischen Systeme nicht in der Art dazu benutzt werden, Erklärungen und Instruktionen zu liefern, in der die Muttersprache bei der Unterweisung in einer Fremdsprache benutzt werden kann. Daher ist Goodmans Argument schon bezüglich seiner eigenen Grundlagen inkohärent.
Goodman behauptet, »die Hypothese, die wir erörtern, kann selbst dann nicht experimentell getestet werden, wenn wir ein anerkanntes Beispiel für eine ›schlechte‹ Sprache haben«, und »die Hypothese ist noch nicht einmal so weit formuliert worden, daß eine einzige generelle Eigenschaft ›schlechter‹ Sprachen angeführt wurde«. Die erste dieser Schlußfolgerungen ist in seinem Verständnis von »experimentellem Test« korrekt, nämlich von einem Test, bei dem wir »ein Kind von seiner Geburt an von allen Einflüssen unserer sprachgebundenen Kultur isolieren und versuchen, ihm eine der ›schlechten‹ künstlichen Sprachen beizubringen«. Das ist natürlich nicht durchführbar. Aber es besteht kein Grund, die Unmöglichkeit, einen solchen Test durchzuführen, zu bedauern. Es kann auf vielerlei Arten – z. B. so, wie es in der 2. Vorlesung und der dort zitierten Literatur angegeben wurde – Aufschluß über die Eigenschaften von Grammatiken gewonnen werden, und Schlußfolgerungen, die die generellen Eigenschaften solcher Grammatiken betreffen, können empirischen Tests unterzogen werden. Jede derartige Schlußfolgerung spezifiziert unmittelbar, auf korrekte oder unkorrekte Weise, gewisse Eigenschaften ›schlechter‹ Sprachen. Da es Dutzende von Aufsätzen und Büchern gibt, die solche Eigenschaften zu formulieren versuchen, kommt seine zweite These, nicht »eine einzige generelle Eigenschaft ›schlechter‹ Sprachen« sei formuliert worden, ziemlich überraschend. Man könnte zu zeigen versuchen, daß diese Versuche in die falsche Richtung führen oder anfechtbar sind, aber man kann nicht ernsthaft behaupten, daß sie nicht existieren. Jede Formulierung eines Prinzips der universalen Grammatik stellt eine weitreichende empirische Aussage dar, die dadurch falsifiziert werden kann, daß man in irgendeiner menschlichen Sprache Gegenbeispiele findet – im Sinne der

Argumentation der zweiten Vorlesung. In der Linguistik wie in jeder anderen Disziplin kann man nur auf solch indirekte Weise wie diese Beweismaterial für nicht-triviale Hypothesen zu finden hoffen. Direkte experimentelle Tests, wie sie Goodman vorschweben, sind schwerlich möglich, ein Umstand, der betrüblich sein mag, aber für den größten Teil der Forschung charakteristisch ist.

An einer Stelle bemerkt Goodman zu Recht, daß, selbst wenn »ich für gewisse bemerkenswerte Tatsachen keine alternativen Erklärungen habe, ... dies allein nicht dazu zwingt, eine beliebige Theorie, die angeboten wird, zu akzeptieren; denn diese Theorie könnte schlechter sein als gar keine. Die Unfähigkeit, ein Faktum zu erklären, verurteilt mich nicht dazu, eine im Grunde abschreckende und unverständliche Theorie zu akzeptieren«. Man betrachte aber nun die Theorie der angeborenen Ideen, die Goodman für »im Grunde abschreckend und unverständlich« hält. Man beachte zunächst, daß diese Theorie offenbar nicht »unverständlich« in seinem Sinne ist. So scheint er in diesem Artikel bereit zu sein, die Ansicht zu akzeptieren, daß der vollentwickelte Geist in gewissem Sinne Ideen enthält; es ist somit offenbar nicht »unverständlich«, daß einige dieser Ideen, um mit seinen Worten zu sprechen, »als ursprüngliche Ausstattung im Geiste verankert sind«. Und wenn wir uns der tatsächlichen Lehre zuwenden, wie sie in der rationalistischen Philosophie entwickelt wurde, und nicht Lockes verzerrender Darstellung, dann wird die Theorie noch sehr viel verständlicher. Es liegt nichts Unverständliches in der Ansicht, daß Stimulation dem Geist den Anlaß bietet, gewisse angeborene interpretative Prinzipien anzuwenden, gewisse Begriffe, die aus dem »Vermögen des Verstandes« selbst hervorgehen, die sich eher aus der Fähigkeit zu denken als direkt aus äußeren Objekten herleiten. Um ein Beispiel von Descartes zu nehmen *(Responsio ad quintas objectiones):*

Folglich konnte, als wir dereinst in der Jugend zuerst eine auf dem Papier gezeichnete dreieckige Figur erblickten, unmöglich diese Figur uns lehren, wie das wahre Dreieck, so wie es von den Geometern betrachtet wird, zu denken sei, da es darin nicht anders enthalten war, als in dem rohen Holzblock ein Merkur. Sondern, weil schon vorher die Idee des wahren Dreiecks in uns war, und unser Geist sie leichter auffassen konnte als die mehr zusammengesetzte Figur des hingezeichneten Dreiecks, deshalb haben wir, als wir diese zusammengesetzte Figur sahen, nicht sie selbst, sondern vielmehr das wahre Dreieck vorgestellt.[15]

In diesem Sinne ist die Idee eines Dreiecks angeboren. Sicher ist der Begriff verständlich; es läge z. B. keine Schwierigkeit darin, einen Computer so zu programmieren, daß er in entsprechender Weise auf Stimuli reagiert (obgleich das Descartes aus anderen Gründen nicht zufriedenstellen würde). Es besteht gleichermaßen prinzipiell keine Schwierigkeit, einen Computer mit einem Schematismus zu programmieren, der die Form einer generativen Grammatik streng restringiert, mit einer Bewertungsprozedur für Grammatiken der gegebenen Form, mit einem Verfahren, darüber zu entscheiden, ob gegebene Daten mit einer Grammatik der gegebenen Form verträglich sind, mit einer festen Substruktur von Entitäten (wie z. B. distinktiven Merkmalen), Regeln und Prinzipien usw. – kurz, mit einer universalen Grammatik von der Art, wie sie in den letzten Jahren vorgeschlagen worden ist. Aus bereits erwähnten Gründen glaube ich, daß diese Vorschläge zu Recht als eine Weiterentwicklung der klassischen rationalistischen Lehre angesehen werden können, als eine Ausarbeitung einiger ihrer Hauptgedanken über Sprache und Geist. Natürlich wird eine solche Theorie »abschreckend« für denjenigen sein, der die empiristische Lehrmeinung akzeptiert und sie für immun dagegen hält, je in Frage gestellt oder kritisiert zu werden. Es scheint mir, daß hier das Kernproblem liegt.

Putnams Abhandlung (vgl. Anmerkung 13) setzt sich in direkterer Weise mit den zur Debatte stehenden Problemen ausein-

---

15 Das Descartes-Zitat und die vorausgehenden Bemerkungen erscheinen in meinem Beitrag zum Symposium über angeborene Ideen vom Dezember 1966 (vgl. Anmerkung 13). [Wir zitieren Descartes nach A. Buchenau, Hrsg., *Meditationen über die Grundlagen der Philosophie* (Leipzig: Meiner, 1904), S. 253–254. – Anm. d. Übers.]

ander, aber auch seine Argumente scheinen mir nicht schlüssig zu sein, und zwar wegen einiger falscher Annahmen, die er über die Natur der erworbenen Grammatiken macht. Putnam nimmt an, daß einer Sprache auf der phonetischen Ebene durch die universale Grammatik lediglich die Eigenschaft zugeschrieben wird, daß sie über »eine kurze Liste von Phonemen« verfügt. Diese Art von Ähnlichkeit zwischen den Sprachen, so argumentiert er, macht es nicht erforderlich, explanative Hypothesen auszuarbeiten. Die Schlußfolgerung ist richtig; die Annahme hingegen ist völlig falsch. Wie ich inzwischen mehrmals betont habe, sind demgegenüber sehr starke empirische Hypothesen hinsichtlich der spezifischen Auswahl universaler Merkmale vorgeschlagen worden, Bedingungen für die Form und die Organisation phonologischer Regeln, Bedingungen für die Anwendung der Regeln, usw. Wenn diese Vorschläge richtig oder nahezu richtig sind, dann ist »Ähnlichkeit zwischen Sprachen« auf der Ebene der Lautstruktur in der Tat bemerkenswert und kann nicht einfach durch Annahmen über die Kapazität des Gedächtnisses erklärt werden, wie Putnam meint.
Oberhalb der Ebene der Lautstruktur nimmt Putnam als die einzigen signifikanten Eigenschaften der Sprachen an, daß sie Eigennamen besitzen, daß die Grammatik eine Phrasenstruktur-Komponente enthält und daß es Regeln gibt, die die von der Phrasenstruktur-Komponente generierten Sätze »abkürzen«. Er behauptet, daß die Natur der Phrasenstruktur-Komponente durch die Existenz von Eigennamen determiniert wird, daß die Existenz einer Phrasenstruktur-Komponente durch den Umstand erklärt wird, daß »alle natürlichen Maße für die Komplexität eines Algorithmus – Umfang der Maschinentafel, Länge der Rechnungen, Zeit und Raum, die für die Rechnung erforderlich sind – zu dem ... Ergebnis führen«, daß Phrasenstruktur-Systeme diejenigen »Algorithmen, die virtuell für jedes Rechensystem die einfachsten sind«, liefern, folglich auch »für natürlich entwickelte Rechensysteme«; und daß es keineswegs überraschend ist, daß Sprachen Abkürzungsregeln enthalten.

Jeder dieser drei Schlußfolgerungen liegt eine falsche Annahme zugrunde. Aus dem Umstand, daß ein Phrasenstruktur-System Eigennamen enthält, kann man so gut wie nichts über seine anderen Kategorien erschließen. In der Tat herrscht augenblicklich eine große Meinungsverschiedenheit über die generellen Eigenschaften des den natürlichen Sprachen zugrunde liegenden Phrasenstruktur-Systems; diese Meinungsverschiedenheit wird durch die Existenz von Eigennamen nicht im geringsten beigelegt.

Was den zweiten Punkt anbelangt, so ist es einfach nicht wahr, daß alle Maße für die Komplexität und die Geschwindigkeit der Rechnung zu Phrasenstruktur-Regeln als dem »einfachsten möglichen Algorithmus« führen. Die einzigen vorhandenen Ergebnisse, die auch nur indirekt relevant sind, zeigen, daß die kontext-freie Phrasenstruktur-Grammatik (ein vernünftiges Modell für Regeln, die Tiefenstrukturen erzeugen, wenn man die Lexikoneinheiten und die Distributionsbedingungen, denen sie unterliegen, ausschließt) eine automatentheoretische Interpretation als nicht-deterministischer Keller-Automat erfährt, aber dieser letztere ist unter dem Aspekt der »Einfachheit von Algorithmen« und so fort schwerlich ein »natürlicher Begriff«. Es kann in der Tat geltend gemacht werden, daß der in etwa ähnliche, aber formal nicht verwandte Begriff der deterministischen Echtzeitrechnung in bezug auf Raum- und Zeitbedingungen für die Rechnung bei weitem »natürlicher« ist.[16]

Es ist jedoch unergiebig, dieses Thema weiter zu verfolgen,

---

16 Zur Diskussion dieser Thematik vgl. meine »Formal Properties of Grammars«, in R. D. Luce, R. R. Bush und E. Galanter, Hrsg., *Handbook of Mathematical Psychology*, Vol. 2 (New York: Wiley, 1963). Zu einer ausführlichen Erörterung des automatentheoretischen Hintergrunds vgl. R. J. Nelson, *Introduction to Automata* (New York: Wiley, 1968). Für eine detailliertere Darstellung der Eigenschaften kontext-freier Grammatiken vgl. S. Ginsburg, *The Mathematical Theory of Context-Free Languages* (New York: McGraw-Hill, 1966). Es gibt eine Reihe von Untersuchungen über die Rechengeschwindigkeit, die Einfachheit von Algorithmen und so weiter, doch keine davon hat für das zur Diskussion stehende Problem irgendwelche Relevanz.

weil es nicht um die »Einfachheit« von Phrasenstruktur-Grammatiken, sondern um die von Transformationsgrammatiken mit einer Phrasenstruktur-Komponente geht, die bei der Erzeugung von Tiefenstrukturen eine Rolle spielt. Und es gibt absolut keinen mathematischen Begriff der »Leichtigkeit der Rechnung« oder der »Einfachheit von Algorithmen«, der auch nur vage andeutete, daß derartige Systeme irgendeinen Vorteil gegenüber den Arten von Automaten böten, die unter diesem Gesichtspunkt ernsthaft untersucht worden sind – z. B. endliche Automaten, linear beschränkte Automaten usw. Der Grundbegriff der »strukturabhängigen Operation« ist nie in einem streng mathematischen Rahmen betrachtet worden. Die Quelle dieser Verwirrung liegt in einem falschen Verständnis der Natur grammatischer Transformationen auf seiten Putnams. Es gibt keine Regeln, die Sätze »abkürzen«; es handelt sich vielmehr um Operationen, die Oberflächenstrukturen aus zugrunde liegenden Tiefenstrukturen auf solche Art bilden, wie sie in der vorausgehenden Vorlesung und der dort zitierten Literatur verdeutlicht wurde.[17] Um zu zeigen, daß Transformationsgrammatiken die »einfachsten möglichen« sind, müßte man folglich nachweisen, daß das »optimale« Rechensystem eine Zeichenreihe als Eingabe nehmen und ihre Oberflächenstruktur, die ihr zugrunde liegende Tiefenstruktur und die Folge von Operationen, die beide in Relation zueinander setzt, determinieren würde. Nichts Derartiges ist gezeigt worden; ja, diese Frage ist noch nicht einmal gestellt worden. Putnam macht geltend, daß, selbst wenn signifikante Gleichförmigkeiten zwischen Sprachen entdeckt werden sollten, diese einfacher erklärt werden könnten als durch die Hypothese einer angeborenen universalen Grammatik, nämlich durch ihren gemeinsamen Ursprung. Dieser Vorschlag beinhaltet jedoch ein ernstes Mißverständnis des zur Debatte stehenden Problems. Die Grammatik einer Sprache muß vom Kind anhand der Daten, die ihm geboten werden, entdeckt werden. Wie zuvor bemerkt

---

[17] Vgl. Anmerkung 10 der 2. Vorlesung (S. 59).

wurde, besteht das empirische Problem darin, eine Hypothese über die Initialstruktur zu finden, die reich genug ist, um zu erklären, daß das Kind eine spezifische Grammatik konstruiert, die hingegen nicht reich genug ist, um durch die bekannte Verschiedenartigkeit der Sprachen falsifiziert zu werden. Fragen des gemeinsamen Ursprungs sind für dieses empirische Problem nur in einer Hinsicht von potentieller Relevanz: Wenn die existierenden Sprachen nicht eine »repräsentative Auswahl« für die »möglichen Sprachen« darstellen, könnten wir dazu verleitet werden, ein zu enges Schema für die universale Grammatik vorzuschlagen. Wie ich zuvor erwähnt habe, besteht das empirische Problem, dem wir heute gegenüberstehen, jedoch darin, daß bisher niemand eine Initialhypothese vorlegen konnte, die reich genug wäre, den Erwerb der Grammatik durch das Kind zu erklären, die wir ihm offensichtlich zuschreiben müssen, wenn wir seine Fähigkeit, die Sprache normal zu gebrauchen, zu erklären versuchen. Die Annahme vom gemeinsamen Ursprung trägt nichts zur Erklärung dessen bei, wie diese Leistung möglich ist. Kurz, die Sprache wird jedesmal, wenn sie erlernt wird, »neu erfunden«, und das empirische Problem, dem sich die Lerntheorie stellen muß, besteht darin, wie diese Erfindung der Grammatik erfolgen kann.

Putnam stellt sich diesem Problem und schlägt »generelle Mehrzweck-Lernstrategien« vor, die diese Leistung erklären könnten. Es ist natürlich eine empirische Frage, ob die Eigenschaften der »Sprachfähigkeit« speziell auf die Sprache beschränkt sind, oder ob sie lediglich einen Spezialfall sehr viel allgemeinerer mentaler Fähigkeiten darstellen. Das ist ein Problem, das an früherer Stelle in dieser Vorlesung, ohne definitives Ergebnis und in einem etwas anderen Zusammenhang, erörtert wurde. Putnam nimmt es als gegeben an, daß es allein generelle »Lernstrategien« sind, die angeboren sind, nennt aber keine Gründe für diese empirische Annahme. Wie ich zuvor darlegte, kann man dieses Problem von einem nicht-dogmatischen Ansatz aus behandeln, ohne sich auf ungeprüfte Annahmen dieser Art zu stützen – nämlich durch die Untersuchung spezifischer Bereiche menschlicher Kompetenz wie z. B. der Sprache und, darauf folgend, durch den Versuch, eine Hypothese aufzustellen, die die Entwicklung dieser Kompetenz erklärt. Wenn wir durch eine derartige Untersuchung entdecken, daß dieselben »Lernstrategien« hinreichen, um die Entwicklung der Kompetenz auf verschiedenen Gebieten zu erklären, dann werden wir Grund haben zu glauben, daß Putnams Annahme zutrifft. Wenn wir entdecken, daß die postulierten angeborenen Strukturen von Fall zu Fall verschieden sind, wäre es die einzige vernünftige Schlußfolgerung, daß ein Modell des Geistes unterschiedliche »Fähigkeiten« mit einzigartigen oder zum Teil einzigartigen Eigenschaften einschließen muß. Ich verstehe nicht, wie jemand angesichts des uns heute verfügbaren Datenmaterials mit Entschiedenheit auf der einen oder der anderen Schlußfolgerung bestehen kann. Aber eins ist ganz klar: Putnam ist nicht berechtigt zu seiner letzten Schlußfolgerung, derzufolge eine »Berufung auf ›Angeborenheit‹ das Problem des Lernens lediglich verschiebt, es damit aber nicht löst«. Die Berufung auf eine angeborene Repräsentation der universalen Grammatik löst in der Tat das Problem des Lernens, wenn es wahr ist, daß diese die Basis für den Erwerb der Sprache abgibt, was sehr wohl der Fall sein kann. Wenn es andererseits generelle Lernstrategien gibt, die den Erwerb grammatischer Kenntnisse erklären, dann wird die Postulierung einer angeborenen universalen Grammatik das Problem des Lernens nicht verschieben, sondern vielmehr eine falsche Lösung für dieses Problem liefern. Es handelt sich hier um ein empirisches Problem im Hinblick auf Wahrheit oder Falschheit, nicht um ein methodologisches im Hinblick auf den Status der Untersuchung.[18]

Um zusammenzufassen: Es scheint mir, daß weder Goodman

18 Es ist überraschend, daß Putnam sich abschätzig über das »vage Gerede von ›Klassen von Hypothesen‹ und ›Bewertungsfunktionen‹« im Verlauf seiner Diskussion der »generellen Lernstrategien« äußert. Im Augenblick ist vielmehr das letztere eine bloße Phrase ohne jeden beschreibbaren Inhalt. Auf der anderen Seite gibt es eine einschlägige Literatur, die die Eigen-

noch Putnam ein ernstes Gegenargument gegen die (natürlich versuchsweise, wie es empirischen Hypothesen zukommt) vorgebrachten Vorschlägen bezüglich einer angeborenen mentalen Struktur anbieten oder für das Problem, wie Wissen erworben wird, einen plausiblen alternativen Ansatz mit empirischem Gehalt vorlegen.

Aufgrund der nicht allzu großen Genauigkeit der Schlußfolgerungen, die heute vertretbar erscheinen, ist die Vermutung vernünftig, daß eine generative Grammatik ein System von vielen hundert Regeln mehrerer unterschiedlicher Typen ist, die in Übereinstimmung mit gewissen festen Prinzipien der Anordnung und Anwendbarkeit organisiert sind und eine gewisse feste Substruktur enthalten, die, zusammen mit den generellen Organisationsprinzipien, allen Sprachen gemeinsam ist. Es gibt genausowenig eine apriorische »Natürlichkeit« für solch ein System, wie es sie für die detaillierte Struktur der Seh-Cortex gibt. Es ist unwahrscheinlich, daß jemand, der sich ernsthaft mit dem Problem der Formalisierung induktiver Verfahren oder »heuristischer Methoden« befaßt hat, viel auf die Hoffnung setzt, daß ein System wie eine generative Grammatik mit Hilfe von derartigen Methoden von einiger Allgemeinheit aufgebaut werden kann.

Meines Wissens besteht der einzige substantielle Vorschlag zur Behandlung des Problems, wie Sprachkenntnis erworben wird, in der rationalistischen Konzeption, die ich umrissen habe. Um es zu wiederholen: Nehmen wir an, wir schreiben dem Geist als eine angeborene Eigenschaft die allgemeine Sprachtheorie zu, die wir »universale Grammatik« genannt haben. Diese Theorie umfaßt die Prinzipien, die ich in der vorausgegangenen Vorlesung und vielen anderen gleichartigen erörtert habe, und sie spezifiziert ein bestimmtes Subsystem von Regeln, das einen Fundus von Strukturen für jede Sprache und eine Vielzahl von Bedingungen liefert, formale und substantielle, denen

---

schaften der Klassen von Hypothesen und Bewertungsfunktionen, auf die sich Putnam bezieht, im einzelnen darlegt. Es scheint also in diesem Fall so zu sein, daß umgekehrt ein Schuh daraus wird.

jede weitere Ausarbeitung der Grammatik gerecht werden muß. Die Theorie der universalen Grammatik liefert somit ein Schema, mit dem sich jede spezielle Grammatik in Übereinstimmung befinden muß. Nehmen wir darüber hinaus an, wir können dieses Schema hinreichend restriktiv anlegen, so daß sehr wenige mögliche Grammatiken, die sich mit dem Schema in Übereinstimmung befinden, mit den dürftigen und entstellten Daten konsistent sind, die demjenigen, der eine Sprache erlernt, tatsächlich zur Verfügung stehen. Seine Aufgabe besteht dann darin, unter den möglichen Grammatiken eine Entscheidung zu treffen und eine auszuwählen, die nicht definitiv durch die ihm verfügbaren Daten ausgeschlossen wird. Auf der Grundlage dieser Annahmen ist derjenige, der eine Sprache erlernt, nicht mit der unmöglichen Aufgabe konfrontiert, eine hochgradig abstrakte und komplex strukturierte Theorie auf der Basis der entstellten Daten zu entwickeln, sondern mit der sehr viel eher erfüllbaren Aufgabe, zu entscheiden, ob diese Daten zu der einen oder anderen Sprache innerhalb der begrenzten Menge potentieller Sprachen gehören.

Die Aufgaben der Psychologen zerfallen somit in mehrere Teilaufgaben. Die erste besteht darin, das angeborene Schema aufzudecken, das die Klasse der potentiellen Sprachen charakterisiert – das somit das »Wesen« der menschlichen Sprache definiert. Diese Aufgabe fällt in den Zweig der Humanpsychologie, der als Linguistik bekannt ist; es geht hier um das Problem der traditionellen universalen Grammatik, um das Problem der gegenwärtigen Sprachtheorie. Die zweite Teilaufgabe besteht in der detaillierten Untersuchung des tatsächlichen Charakters der Stimulation und der Wechselwirkung zwischen Organismus und Umwelt, die die angeborenen kognitiven Mechanismen in Gang setzt. Diese Untersuchung wird heute von einigen Psychologen in Angriff genommen, und sie wird mit besonderer Aktivität gerade hier in Berkeley betrieben. Sie hat bereits zu interessanten und vielversprechenden Ergebnissen geführt. Man darf hoffen, daß eine derartige Untersuchung Stadien immer größerer Ausgereiftheit durchlaufen und schließlich zu einer vollständigen generativen Grammatik führen wird.[19]

Eine dritte Aufgabe besteht darin, genau zu determinieren, was es für eine Hypothese über die generative Grammatik einer Sprache heißt, mit den Sinnesdaten »konsistent« zu sein. Man beachte, daß die Annahme eine zu große Vereinfachung darstellt, ein Kind müsse eine generative Grammatik entdecken, die alle sprachlichen Daten, die ihm angeboten worden sind, erklärt und diese Daten auf einen unendlichen Bereich potentieller Laut-Bedeutung-Relationen »projiziert«. Zusätzlich zu dieser Leistung muß es auch die Sinnesdaten unterteilen in solche Äußerungen, die direkt über den Charakter der zugrunde liegenden Grammatik Aufschluß geben, und in solche, die aufgrund der Hypothese, die es wählt, als nicht wohlgeformt, abweichend, fragmentarisch usw. verworfen werden müssen. Es ist klar: jedem gelingt es, diese Aufgabe der Differenzierung zu erfüllen, – innerhalb tolerabler Konsistenzgrenzen wissen wir alle, welche Sätze wohlgeformt und im wörtlichen Sinne interpretierbar sind und welche als metaphorisch, fragmentarisch und als in vielen möglichen Dimensionen abweichend interpretiert werden müssen. Ich bezweifle, daß es

---

[19] Es ist nicht unwahrscheinlich, daß eine detaillierte Untersuchung dieser Art zeigen wird, daß die Konzeption der universalen Grammatik als eines angeborenen Schematismus nur als eine erste Approximation Gültigkeit hat; daß ein angeborener Schematismus allgemeiner Art es in der Tat gestattet, versuchsweise »Grammatiken« zu formulieren, die selbst festlegen, wie spätere Daten interpretiert werden müssen, und die somit zur Postulierung reicherer Grammatiken führen, und so weiter. Ich habe den Spracherwerb bisher von der offenkundig falschen Annahme aus erörtert, daß es sich hier um einen Prozeß handelt, der sich auf einen Schlag vollzieht. Es gibt viele interessante Fragen, die sich dann ergeben, wenn wir in Betracht ziehen, wie sich der Prozeß in der Zeit erstreckt. Für eine Erörterung von Problemen der Phonologie vgl. meine Arbeit »Phonology and Reading«, in H. Levin, Hrsg., *Basic Studies on Reading*. Man beachte auch, daß es, selbst in der ersten Approximation, unnötig ist anzunehmen, daß »sehr wenige mögliche dem Schema entsprechende Grammatiken« demjenigen, der eine Sprache erlernt, zur Verfügung stehen. Es reicht hin, anzunehmen, daß die mit den Daten konsistenten möglichen Grammatiken vermittels eines Bewertungsverfahrens »gesiebt« werden.

in vollem Maße zur Kenntnis genommen wurde, in welchem Ausmaß dies das Problem, den Spracherwerb zu erklären, kompliziert. Um es formal auszudrücken, der Lernende muß eine Hypothese über die Sprache, mit der er konfrontiert ist, wählen, die einen beträchtlichen Teil der Daten, auf denen diese Hypothese beruhen muß, zurückweist. Wie gesagt, es ist vernünftig zu vermuten, daß dies nur dann möglich ist, wenn der Bereich vertretbarer Hypothesen stark begrenzt ist – wenn das angeborene Schema der universalen Grammatik hochgradig restriktiv ist. Die dritte Teilaufgabe besteht also darin, das zu untersuchen, was wir das Problem der »Bestätigung« nennen könnten – in diesem Zusammenhang das Problem, welche Relation zwischen einer potentiellen Grammatik und einer Datenmenge für diese Grammatik bestehen muß, damit diese als die tatsächliche Theorie der betreffenden Sprache bestätigt wird.

Ich habe das Problem, wie man Sprachkenntnis erwirbt, in Begriffen beschrieben, die in einem epistemologischen Kontext vertrauter sind als in einem psychologischen, ich halte dies jedoch für ganz angemessen. Formal gesprochen ist der Erwerb von »*common-sense*-Kenntnissen« – die Kenntnis einer Sprache z. B. – den abstraktesten Konstruktionen von Theorien nicht unähnlich. Spekulationen über die zukünftige Entwicklung dieser Thematik lassen es mir aus den erwähnten Gründen als durchaus möglich erscheinen, daß die Lerntheorie dadurch Fortschritte machen wird, daß sie die als angeboren determinierte Menge möglicher Hypothesen etabliert, daß sie die Bedingungen der Wechselwirkung festlegt, die den Geist veranlassen, Hypothesen aus dieser Menge auszuwählen, und daß sie die Bedingungen fixiert, unter denen solch eine Hypothese bestätigt wird – und, vielleicht, unter denen ein großer Teil der Daten aus dem einen oder anderen Grund als irrelevant verworfen wird.

Eine derartige Beschreibung der Situation sollte diejenigen nicht allzu sehr überraschen, die mit der Geschichte der Psychologie in Berkeley vertraut sind, wo schließlich Edward Tolman dem Psychologie-Institut seinen Namen gegeben hat; ich möchte aber hervorheben, daß sich die von mir erörterten Hypothesen in ihrer Komplexität und Vielschichtigkeit von allem, was in den klassischen Diskussionen des Lernens in Betracht gezogen wurde, qualitativ unterscheiden. Wie ich schon mehrmals betont habe, scheint es kaum eine brauchbare Analogie zu geben zwischen der Grammatiktheorie, die jemand internalisiert hat und die die Grundlage für seinen normalen, kreativen Sprachgebrauch liefert, und irgendeinem anderen kognitiven System, das bisher isoliert und beschrieben worden ist; gleichermaßen gibt es kaum eine brauchbare Analogie zwischen dem Schema der universalen Grammatik, die wir, wie ich glaube, dem Geist als ein angeborenes Charakteristikum zuschreiben müssen, und irgendeinem anderen bekannten System mentaler Organisation. Es ist durchaus möglich, daß das Fehlen von Analogien eher unsere Unkenntnis anderer Aspekte mentaler Funktion dokumentiert als die absolute Einzigartigkeit sprachlicher Struktur; aber die Lage ist so, daß wir im Augenblick keinen objektiven Grund für die Vermutung haben, daß dies der Fall sei. Die Art, in der ich den Erwerb von Sprachkenntnis beschrieben habe, läßt an eine sehr interessante und ziemlich unbeachtet gebliebene Vorlesung denken, die Charles Sanders Peirce vor mehr als 50 Jahren gehalten hat und in der er einige ganz ähnliche Konzepte über den Erwerb von Wissen überhaupt entwickelte[20]. Peirce legt dar, daß die generellen Grenzen der menschlichen Intelligenz viel enger sind, als es durch romantische Annahmen über die unbegrenzt mögliche Vervollkommnung des Menschen nahegelegt werden könnte (oder, was diesen Punkt anbelangt, als durch seine eigenen »pragmatischen« Konzeptionen vom Verlauf des wissenschaftlichen Fortschritts in seinen bekannteren philosophischen Untersuchungen nahegelegt wird). Er vertritt die Ansicht, daß angeborene Begrenzungen für zulässige Hypothesen eine Vorbedingung für die erfolgreiche Konstruktion von Theorien seien und daß der »Rate-Instinkt«, der Hypothesen liefert, sich

---

20 C. S. Peirce, »The Logic of Abduction«, in V. Tomas, Hrsg., *Peirce's Essays in the Philosophy of Science* (New York: Liberal Arts Press, 1956).

induktiver Verfahren nur für »korrektive Handlungen« bedient. Peirce behauptet in dieser Vorlesung, die Geschichte der Frühzeit der Wissenschaft zeige, daß etwas, das sich einer korrekten Theorie annähert, mit bemerkenswerter Leichtigkeit und Schnelligkeit, auf der Grundlage von in hohem Maße inadäquaten Daten, immer dann entdeckt wurde, wenn gewisse Probleme in Angriff genommen wurden; er bemerkte: »Wie wenige Male nur mußten Männer von überragendem Geist raten, bevor sie die Naturgesetze richtig errieten.« Und, so fragte er: »Wie kam es, daß der Mensch jemals dahin gelangte, diese wahre Theorie aufzustellen? Man kann nicht sagen, daß es zufällig geschah, weil eine überwältigende Wahrscheinlichkeit dagegen spricht, daß die einzige wahre Möglichkeit in den zwanzig- oder dreißigtausend Jahren, seit denen der Mensch ein denkendes Wesen ist, jemals in den Kopf irgendeines Menschen gelangt wäre.« A fortiori spricht eine sogar noch überwältigendere Wahrscheinlichkeit dagegen, daß die wahre Theorie seiner jeweiligen Sprache in den Kopf eines jeden vierjährigen Kindes gelangt wäre. Um mit Peirce fortzufahren: »Der Geist des Menschen besitzt eine natürliche Adaptation, korrekte Theorien irgendwelcher Art zu erdenken ... Wäre der Mensch nicht mit einem Geist, der diesen Anforderungen angepaßt ist, ausgestattet, dann könnte er überhaupt kein Wissen erworben haben.« Entsprechend scheint es in unserem gegenwärtigen Fall, daß Sprachkenntnis – eine Grammatik – nur von einem Organismus erworben werden kann, der mit einer strengen Restriktion im Hinblick auf die Form der Grammatik »prädisponiert« ist. Diese angeborene Restriktion ist, im kantischen Sinne, eine Vorbedingung für sprachliche Erfahrung, und sie scheint der entscheidende Faktor in der Bestimmung des Verlaufs und des Resultats der Spracherlernung zu sein. Das Kind kann bei der Geburt nicht wissen, welche Sprache es lernen soll, aber es muß wissen, daß ihre Grammatik eine prädeterminierte Form aufweisen muß, die viele vorstellbare Sprachen ausschließt. Nachdem es eine zulässige Hypothese gewählt hat, kann es induktiv Daten zum Zwecke einer korrektiven Handlung benutzen, wobei es seine Wahl bestätigt oder nicht bestätigt. Ist einmal die Hypothese hinreichend gut bestätigt, dann kennt das Kind die durch diese Hypothese definierte Sprache; folglich reicht seine Kenntnis unermeßlich weit über seine Erfahrung hinaus und befähigt es in der Tat, viele der Erfahrungsdaten als fehlerhaft und abweichend zu charakterisieren.

Peirce sah induktive Prozesse als ziemlich marginal für den Erwerb von Wissen an; in seinen eigenen Worten: »Die Induktion besitzt keinerlei Originalität, sondern testet nur eine bereits gemachte Annahme.« Um zu verstehen, wie Wissen in der rationalistischen Sichtweise, die Peirce umrissen hat, erworben wird, müssen wir in die Geheimnisse dessen eindringen, was er »Abduktion« genannt hat, und wir müssen herausfinden, was »der Abduktion eine Regel gibt und so den zulässigen Hypothesen eine Grenze auferlegt«. Peirce behauptete, daß die Suche nach Abduktionsprinzipien uns zu der Untersuchung angeborener Ideen führe, die die instinktive Struktur der menschlichen Intelligenz liefern. Aber Peirce war kein Dualist im cartesianischen Sinn; er legte (meiner Meinung nach nicht sehr überzeugend) dar, daß zwischen der menschlichen Intelligenz mit ihren abduktiven Restriktionen und dem tierischen Instinkt eine signifikante Analogie bestehe. Er behauptete, daß der Mensch nur deshalb bestimmte wahre Theorien entdecke, weil seine »Instinkte von Anfang an bestimmte Tendenzen in sich geschlossen haben müssen, wahr zu denken« über bestimmte spezifische Sachverhalte; gleichermaßen »kann man nicht ernsthaft glauben, daß jedes kleine Küken, das ausgebrütet wurde, alle möglichen Theorien zu durchsuchen hat, bis es auf die gute Idee kommt, etwas aufzupicken und zu fressen. Man glaubt im Gegenteil, daß das Küken eine angeborene Idee hat, dies zu tun; d. h. daß es hieran denken kann, aber nicht die Fähigkeit hat, an irgend etwas anderes zu denken ... Aber wenn man schon glaubt, daß jedes arme Küken mit einer angeborenen Tendenz zu einer positiven Wahrheit ausgestattet ist, weshalb sollte man dann glauben, daß allein dem Menschen diese Gabe vorenthalten sei?«

Niemand nahm Peirces Forderung auf, eine Theorie der Abduktion zu entwickeln, diejenigen Prinzipien zu bestimmen, die die zulässigen Hypothesen begrenzen, oder sie in einer gewissen Ordnung darzulegen. Auch heute noch ist dies eine Aufgabe für die Zukunft. Es ist eine Aufgabe, die nicht in Angriff genommen zu werden braucht, wenn die empiristische psychologische Doktrin bewiesen werden kann; es ist daher äußerst wichtig, diese Doktrin einer rationalen Analyse zu unterziehen, wie es in der Sprachwissenschaft zum Teil getan worden ist. Ich möchte wiederholen, daß es das große Verdienst der strukturellen Linguistik wie auch der Hullschen Lerntheorie in ihren ersten Stadien und mehrerer anderer moderner Entwicklungen war, gewissen empiristischen Annahmen eine präzise Form gegeben zu haben[21]. Wo dieser Schritt getan wurde, ist die

21 Die Erklärung des Spracherwerbs, die B. F. Skinner in seinem *Verbal Behavior* (New York: Appleton-Century-Crafts, 1957) vorlegt, erscheint mir im Gegenteil als inhaltslos oder als offenkundig falsch, je nachdem man sie metaphorisch oder wörtlich interpretiert (vgl. meine Rezension dieses Buches in *Language*, Vol. 35, Nr. 1, 1959, S. 26–58). Es ist ganz richtig, daß man eine Theorie, wenn sie in einer starken Form widerlegt ist, durch eine schwächere Variante ersetzt. Nicht selten jedoch führt dieser Schritt ins Leere. Die Popularität von Skinners Begriff »reinforcement« scheint mir, nach dem eigentlichen Zusammenbruch der Hullschen Theorie, hier ein einschlägiger Fall zu sein. (Es ist zu beachten, daß die Skinnerschen Begriffe gut definiert sein und in einer speziellen experimentellen Situation zu interessanten Ergebnissen führen können – um was es hier geht, ist die Skinnersche »Extrapolation« auf eine weitere Klasse von Fällen.)
Ein anderes Beispiel liefert K. Salzinger, »The Problem of Response Class in Verbal Behavior«, in K. Salzinger und S. Salzinger, Hrsg., *Research in Verbal Behavior and Some Neurophysiological Implications* (New York: Academic Press, 1967), S. 35–54. Salzinger macht geltend, daß George Miller nicht berechtigt sei, die Lerntheorie dafür zu kritisieren, daß sie nicht fähig sei, sprachliche Produktivität zu erklären – nämlich die Fähigkeit eines Sprechers, bei einer Folge von Wörtern, die er nie gehört hat, festzustellen, ob sie einen wohlgeformten Satz ergibt oder nicht und was sie bedeutet. Diesem Mangel könne man dadurch abhelfen, so legt er dar, daß man den Begriff der »Response-Klasse« verwendet. Zwar könne nicht jede Response verstärkt werden, aber die Klasse der akzeptablen Sätze konstituiert eine Response-Klasse wie die Menge der Hebeldruck-Vorgänge in einem speziellen Skinnerschen Experiment. Leider bleibt dies leeres Gerede, solange nicht die Bedingung festgelegt wird, die das Enthaltensein in dieser Klasse definiert. Wenn die Bedingung den Begriff »Erzeugung durch eine gegebene Grammatik« enthält, dann sind wir wieder dort, wo wir angefangen haben.

Inadäquatheit der postulierten Mechanismen klar demonstriert worden, und zumindest im Fall der Sprache können wir allmählich einsehen, warum alle Methoden dieser Art versagen müssen – z. B. weil sie prinzipiell den Eigenschaften der Tiefenstrukturen und den abstrakten Operationen der formalen Grammatik nicht gerecht werden können. Im Hinblick auf die zukünftige Entwicklung halte ich es nicht für unwahrscheinlich, daß der dogmatische Charakter der allgemeinen empiristischen Konzeption und ihre Inadäquatheit gegenüber menschlicher und tierischer Intelligenz allmählich in dem Maße evidenter werden, wie ihre spezifischen Realisierungen – z. B. die taxonomische Linguistik, die behavioristische Lerntheorie und die Perzeptionsmodelle[22], heuristische Methoden und die »allgemeinen Problemlösungsverfahren« der ersten Enthusiasten der »künstlichen Intelligenz« – nach und nach verworfen werden, und zwar aus empirischen Gründen, wenn sie präzisiert worden sind, und aus Gründen ihrer Sinnlosigkeit, wenn sie vage gelassen werden. Und dann – angenommen, diese Projektion trifft zu – wird es auch möglich sein, eine generelle Untersuchung der Grenzen und Fähigkeiten der menschlichen Intelligenz vorzunehmen, also eine Peircesche Abduktionslogik zu entwickeln.

In der modernen Psychologie fehlt es nicht an derartigen In-

Salzinger mißversteht auch die Versuche, einen experimentellen Test zu erarbeiten, der grammatische von ungrammatischen Ketten unterscheidet. Er sagt, daß es derartigen Tests nicht gelungen ist, eine solche Unterscheidung zu bestätigen, und folgert daher, wie es scheint, daß diese Unterscheidung nicht existiert. Dieser Fehlschlag beweist nun offensichtlich nichts anderes, als daß die Tests ineffektiv waren. Man kann unzählige Tests entwickeln, mit denen es nicht gelingen würde, eine gegebene Klassifikation nachzuweisen. Sicher wird dadurch die Klassifikation selbst nicht in Frage gestellt. So würde Salzinger, gänzlich unabhängig von jedem nur experimentellen Test, zustimmen, daß die Sätze dieser Fußnote gemeinsam eine wichtige Eigenschaft aufweisen, die nicht für die Menge der Wortketten besteht, die dadurch gebildet werden, daß man jeden dieser Sätze Wort für Wort von rechts nach links liest.

22 Zur Diskussion solcher Systeme und ihrer Beschränkungen vgl. M. Minsky und S. Papert, *Perceptions and Pattern Recognitions*, Artificial Intelligence Memo Nr. 140, MAC-M-358, Project MAC, Cambridge, Mass., September 1967.

itiativen. Die gegenwärtige Untersuchung der generativen Grammatik, ihrer universalen Substruktur und ihrer beherrschenden Prinzipien bietet ein Beispiel dafür. In enger Beziehung dazu steht die Untersuchung der biologischen Grundlagen der menschlichen Sprache, eine Forschungsrichtung, zu der Eric Lenneberg wesentliche Beiträge geleistet hat[23]. Man ist versucht, in den sehr wichtigen Arbeiten Piagets und anderer, die an »genetischer Epistemologie« interessiert sind, eine parallele Entwicklung zu sehen, aber ich bin nicht sicher, ob dies zutreffend ist. Mir ist beispielsweise nicht klar, was Piaget als die Basis für den Übergang von einem der Stadien, die er erörtert, zu dem nächsten, höheren Stadium annimmt. Es besteht darüber hinaus die Möglichkeit – umrissen in der neueren Arbeit von Mehler und Bever[24] –, daß insbesondere die verdientermaßen wohlbekannten Ergebnisse über die Konservierung unter Umständen nicht sukzessive Stadien der intellektuellen Entwicklung beweisen in dem Sinn, wie er von Piaget und denjenigen, die an demselben Problem arbeiten, erörtert wurde, sondern etwas ziemlich anderes. Wenn die Anfangsergebnisse von Mehler und Bever richtig sind, dann würde daraus folgen, daß das »Endstadium«, in dem eigentlich von Konservierung zu sprechen ist, bereits in einer sehr frühen Entwicklungsphase erreicht wurde. Später entwickelt das Kind ein heuristisches Verfahren, das weitgehend adäquat ist, das aber unter den Bedingungen des Konservierungsexperiments versagt. Noch später korrigiert es dieses Verfahren erfolgreich und äußert in dem Konservierungsexperiment richtige Urteile. Wenn diese Analyse richtig ist, dann besteht das, was wir beobachten, nicht in einer Aufeinanderfolge von Stadien der intellektuellen Entwicklung im Sinne Piagets, sondern vielmehr in einem langsamen Fortschreiten in Richtung darauf, die heuristischen Verfahren mit allgemeinen Begriffen, die immer schon vorhanden gewesen

---

23 Vgl. E. J. Lenneberg, *Biological Foundations of Language* (New York: Wiley, 1967).
24 J. Mehler und T. G. Bever, »Cognitive Capacities of Young Children«, *Science*, Vol. 157, Nr. 37–97, Oktober 1967, S. 141–142.

sind, in Übereinstimmung zu bringen. Dies sind interessante Alternativen; in beiden Fällen können die Ergebnisse in einer sehr wichtigen Beziehung zu der von uns behandelten Thematik stehen.

Noch relevanter für unser Thema, so glaube ich, sind die Entwicklungen in der komparativen Ethologie der letzten 30 Jahre und gewisse gegenwärtige Arbeiten auf dem Gebiet der experimentellen und physiologischen Psychologie. Man kann viele Beispiele anführen: in der letzteren Kategorie z. B. die Arbeit Bowers, in der eine angeborene Basis für die Perzeptionskonstanzen angenommen wird; Untersuchungen im Primatenlaboratorium von Wisconsin über komplexe angeborene Auslösemechanismen bei Rhesusaffen; die Arbeiten von Hubel, Barlow und anderen über hochspezifische Analysemechanismen in den niederen Cortexzentren der Säugetiere; und eine Anzahl vergleichbarer Untersuchungen über niedere Organismen (z. B. die schöne Arbeit von Lettvin und seinen Mitarbeitern über das Sehen bei Fröschen). Auf Grund derartiger Untersuchungen spricht heute vieles dafür, daß sich die Perzeption von Linien, Winkeln, Bewegung und anderen komplexen Eigenschaften der physikalischen Welt auf eine angeborene Organisation des Nervensystems gründet.

In einigen Fällen zumindest pflegen diese eingebauten Strukturen zu degenerieren, wenn in einer frühen Lebensphase nicht eine geeignete Stimulation erfolgt, aber obwohl eine solche Erfahrung notwendig ist, um die angeborenen Mechanismen in Gang zu setzen, gibt es keinen Grund zu glauben, daß diese mehr als eine marginale Wirkung darauf ausübt, *wie* sie funktionieren, um die Erfahrung zu organisieren. Darüber hinaus wird durch nichts nahegelegt, daß das, was bisher entdeckt worden ist, auch nur irgendwo der Grenze der Komplexität angeborener Strukturen nahekommt. Die grundlegenden Verfahren zur Erforschung der nervlichen Mechanismen gibt es erst seit wenigen Jahren, und es ist unmöglich, vorauszusagen, welcher Grad von Spezialität und Komplexität nachgewiesen wird, wenn sie erst in weitem Umfang angewendet werden. Im

Augenblick scheint es, daß äußerst komplexe Organismen hochgradig spezifische Formen sensorischer und perzeptioneller Organisation aufweisen, die mit der Umwelt und der Lebensweise des Organismus in Verbindung stehen. Es besteht wenig Grund, daran zu zweifeln, daß das, was für niedere Organismen gilt, auch für Menschen gilt. Besonders im Fall der Sprache ist es natürlich, eine enge Beziehung zwischen angeborenen Eigenschaften des Geistes und Merkmalen sprachlicher Struktur zu erwarten; denn die Sprache hat schließlich keine eigene Existenz unabhängig von ihrer mentalen Repräsentation. Welche Eigenschaften sie auch immer haben mag, es müssen – neben all denen, die mit den Bedingungen ihres Gebrauchs verknüpft sind – solche sein, die ihr durch die angeborenen mentalen Prozesse des Organismus verliehen werden, der sie erfunden hat und sie bei jeder folgenden Generation neu erfindet. Wie gesagt, es scheint, daß aus diesem Grunde die Sprache als eine Sonde dienen könnte, mit deren Hilfe äußerst erhellende Einsichten bei der Erforschung der Organisation mentaler Prozesse zu gewinnen wären.

Wenn wir uns der komparativen Ethologie zuwenden, so ist es interessant zu bemerken, daß eine ihrer ersten Motivationen in der Hoffnung bestand, daß es durch die »Erforschung der ›apriorischen‹..., also der ›angeborenen‹ Arbeitshypothesen bei untermenschlichen Organismen« möglich sein würde, Licht auf die apriorischen Formen des menschlichen Denkens zu werfen. Die Formulierung dieser Zielsetzung ist ein Zitat aus einem frühen und wenig bekannten Aufsatz von Konrad Lorenz[25]. Lorenz bringt Ansichten zum Ausdruck, die denen sehr ähnlich sind, die Peirce eine Generation früher geäußert hatte. Er behauptet:

Wenn man nun die angeborenen Reaktionsweisen von untermenschlichen Organismen kennt, so liegt die Hypothese ungemein nahe, daß das »Apriorische« auf stammesgeschichtlich gewordenen, erblichen

---

25 K. Lorenz, »Kants Lehre vom Apriorischen im Lichte gegenwärtiger Biologie«, in *Blätter für Deutsche Philosophie*, Vol. 15, 1941, S. 94-125. Ich bin Donald Walker von der MITRE Corporation, Bedford, Mass., dafür zu Dank verpflichtet, daß er mich auf diese Arbeit aufmerksam gemacht hat.

Differenzierungen des Zentralnervensystems beruht, die eben gattungsmäßig erworben sind und die erblichen Dispositionen, in gewissen Formen zu denken, bestimmen...

Denn ganz selbstverständlich hatte Hume unrecht, wenn er alles Apriorische aus dem ableiten wollte, was die Sinne der Erfahrung liefern, ebenso unrecht wie Wundt, der es kurzweg für eine Abstraktion aus vorangegangener Erfahrung erklärt, und Helmholtz, der die gleiche Ansicht verfocht. Das Passen des Apriorischen auf die reale Welt ist ebensowenig aus »Erfahrung« entstanden wie das Passen der Fischflosse auf die Eigenschaften des Wassers. So wie die Form der Flosse »a priori« gegeben ist, vor jeder individuellen Auseinandersetzung des Jungfisches mit dem Wasser, und so, wie sie diese Auseinandersetzung erst möglich macht, so ist dies auch bei unseren Anschauungsformen und Kategorien in ihrem Verhältnis zu unserer Auseinandersetzung mit der realen Außenwelt durch unsere Erfahrung der Fall. Bei Tieren können wir viel speziellere und viel eingeengtere Verformungen der ihnen möglichen Erfahrungen finden, und wir glauben, engste funktionelle und wahrscheinlich auch ursächliche Verwandtschaft zwischen diesen tierischen und unseren menschlichen Aprioris aufzeigen zu können. Wir sind mit Kant und gegen Hume durchaus der Ansicht, daß »reine«, d. h. von jeder Erfahrung unabhängige Wissenschaft von den angeborenen Denkformen des Menschen möglich sei.

Peirce ist meines Wissens der erste und einzige, der das Problem hervorgehoben hat, die Regeln zu untersuchen, die die Klasse möglicher Theorien begrenzen. Natürlich hat sein Begriff der Abduktion wie auch Lorenz' biologisches Apriori eine stark kantische Färbung, und alle zusammen leiten sich von der rationalistischen Psychologie her, die sich mit den Formen, den Grenzen und den Prinzipien beschäftigt, die »die Sehnen und Gelenke« für das menschliche Denken darstellen, und »der unendlichen Menge des Wissens, dessen wir uns nicht immer bewußt sind«, von der Leibniz sprach, zugrunde liegen. Es ist daher ganz natürlich, daß wir diese Entwicklungen zur Neubelebung der philosophischen Grammatik verbinden sollten, die auf demselben Boden als ein durchaus fruchtbarer und legitimer Versuch entstand, eine Grundeigenschaft der menschlichen Intelligenz zu erforschen.

In der neueren Diskussion sind häufig von der Ethologie hergeleitete Modelle und Beobachtungen angeführt worden in dem

Sinne, daß sie eine biologische Stütze, oder zumindest eine Analogie, für neue Ansätze zur Erforschung der menschlichen Intelligenz lieferten. Ich führe die Bemerkung von Lorenz hauptsächlich deshalb an, um zu zeigen, daß der Bezug hierauf nicht den Blick zumindest einiger der Begründer dieses neuen Gebietes der komparativen Psychologie verzerrt. Wenn man sich auf Lorenz bezieht, ist ein Hinweis zur Vorsicht nötig, nun da er von Robert Ardrey und Joseph Alsop als Prophet des Untergangs entdeckt und popularisiert worden ist. Es scheint mir, daß Lorenz' Ansichten über die menschliche Aggression fast bis zur Absurdität erweitert wurden. Es ist zweifellos wahr, daß es in der psychischen Konstitution des Menschen angeborene Tendenzen gibt, die unter spezifischen sozialen und kulturellen Bedingungen zu Aggressivität führen. Aber es besteht wenig Grund zu der Vermutung, daß diese Tendenzen uns so beherrschen, daß wir uns für alle Zeit am Rande des Abgrunds eines Krieges aller gegen alle im Sinne Hobbes' bewegen – worüber, nebenbei bemerkt, sich zumindest Lorenz völlig im klaren ist, falls ich ihn richtig gelesen habe. Es ist sicherlich eine gewisse Skepsis am Platze, wenn eine Lehre von der »inhärenten Aggressivität« des Menschen in der Gesellschaft an die Oberfläche dringt, die den Wettbewerb glorifiziert, in einer Zivilisation, die sich durch die Brutalität der Angriffe auszeichnet, den sie gegen weniger vom Glück begünstigte Völker gerichtet hat. Es ist zulässig zu fragen, wie weit die Begeisterung für diese merkwürdige Sicht der menschlichen Natur den Tatsachen und der Logik zuzuschreiben ist und wie weit sie lediglich reflektiert, um welch begrenztes Ausmaß sich das allgemeine kulturelle Niveau seit den Tagen gehoben hat, als Clive und die portugiesischen Eroberer die niederen Rassen, die ihnen im Weg standen, lehrten, was wahre Barbarei ist.

Wie auch immer, ich möchte nicht, daß das, was ich sage, mit anderen ganz verschiedenen Versuchen verwechselt wird, eine Theorie des menschlichen Instinkts wiederzubeleben. Was mir an der Ethologie wichtig erscheint, ist der Versuch, jene angeborenen Eigenschaften zu untersuchen, die determinieren, wie

Wissen erworben wird, und die den Charakter dieses Wissens bestimmen. Wenn wir dieses Thema wieder aufgreifen, müssen wir eine weitere Frage berücksichtigen: Wie konnte es geschehen, daß der menschliche Geist die angeborenen Strukturen, die wir ihm zuschreiben müssen, erwerben konnte? Es ist kaum überraschend, daß Lorenz eine Position vertritt, derzufolge dies eine Angelegenheit der natürlichen Selektion ist. Peirce bietet eine ziemlich andere Mutmaßung an mit dem Argument, »die Natur pflanzt dem Geist der Menschen Ideen ein, die, wenn sie aufwachsen, ihrem Vater, der Natur, ähnlich werden«. Der Mensch »ist mit gewissen natürlichen Überzeugungen ausgestattet, die wahr sind«, weil »gewisse Gleichförmigkeiten ... im gesamten Universum vorherrschen und der vernünftige Geist selbst ein Produkt dieses Universums ist. Diese selben Gesetze sind somit mit logischer Notwendigkeit in seinem Wesen selbst inkorporiert«. Hier scheint es klar zu sein, daß das Argument von Peirce gänzlich ohne Relevanz bleibt und kaum einen Fortschritt gegenüber der prästabilierten Harmonie bedeutet, die es vermutlich ersetzen sollte. Der Umstand, daß der Geist ein Produkt von Naturgesetzen ist, impliziert nicht, daß er befähigt ist, diese Gesetze zu verstehen oder durch »Abduktion« zu ihnen vorzustoßen. Es würde keine Schwierigkeit darstellen, einen Mechanismus zu entwickeln (indem man beispielsweise einen Computer programmiert), der ein Produkt von Naturgesetzen ist, der aber, »bei gegebenen Daten, zu irgendeiner beliebigen willkürlichen und absurden Theorie gelangen wird, um diese Daten zu erklären«.

In der Tat sind die Prozesse, auf Grund derer der menschliche Geist seinen gegenwärtigen Grad an Komplexität erreicht und die spezielle Form seiner angeborenen Organisation ausgebildet hat, vollkommen mysteriös, genauso wie die Lösung analoger Fragen im Dunkeln liegt, die die physische oder mentale Organisation von irgendwelchen anderen komplexen Organismen betreffen. Man geht durchaus nicht fehl, wenn man diese Entwicklung einer »natürlichen Selektion« zuschreibt, solange man in Rechnung stellt, daß mit dieser Annahme nichts Substantielles behauptet wird, sondern daß sie vielmehr auf nichts anderes hinausläuft als auf die Überzeugung, daß es irgendeine naturwissenschaftliche Erklärung für diese Phänomene gibt. Das Problem, eine evolutionäre Entwicklung zu erklären, gleicht in gewisser Hinsicht dem, eine erfolgreiche Abduktion zu erklären. Die Gesetze, die eine mögliche erfolgreiche Mutation und die Natur komplexer Organismen determinieren, sind ebenso unbekannt wie die Gesetze, die die Wahl von Hypothesen determinieren[26]. Ohne Kenntnis der Gesetze, die die Organisation und die Struktur komplexer biologischer Systeme bestimmen, ist die Frage, mit welcher »Wahrscheinlichkeit« der menschliche Geist seinen derzeitigen Zustand erreicht hat, ebenso sinnlos wie eine Untersuchung über die »Wahrscheinlichkeit«, mit der eine spezielle physikalische Theorie aufgestellt wird. Und wie schon bemerkt, ist es solange müßig, über die Gesetze des Lernens zu spekulieren, wie wir nicht einige Indikationen darüber besitzen, welche Art von Wissen erreichbar ist – was im Falle der Sprache bedeutet, einige Indikationen über die Beschränkung der Menge möglicher Grammatiken.

Bei der Untersuchung der Evolution des Geistes können wir nicht erraten, in welchem Ausmaß es physikalisch mögliche Alternativen zu, sagen wir, der transformationellen generativen Grammatik für einen Organismus gibt, der gewisse andere für den Menschen charakteristische physikalische Bedingungen erfüllt. Vermutlich gibt es keine – oder nur sehr wenige –, und in dem Fall steht eine Auseinandersetzung über die Evolution der Sprachfähigkeit nicht mehr zur Debatte. Die Unergiebigkeit solcher Spekulationen hat jedoch weder in der einen noch in der anderen Weise Auswirkungen auf diejenigen Probleme des Geistes, die vernünftigerweise behandelt werden können. Es

---

[26] Auf Grund statistischer Überlegungen – anhand des Vergleichs der bekannten Mutationsrate mit der astronomisch hohen Zahl der vorstellbaren Modifikationen der Chromosomen und ihrer Teile – hat man gesagt, daß derartige Gesetze existieren und die realisierbaren Möglichkeiten weitgehend einschränken müssen. Vgl. die Arbeiten von Eden, Schützenberger und Gavadan in *Mathematical Challenges to the Neo-Darwinian Interpretation of Evolution*, Wistar Symposium Monograph Nr. 5, Juni 1967.

scheint mir, daß es sich bei diesen Aspekten im Augenblick nur um die Probleme handelt, die im Falle der Sprache durch die Untersuchung der Natur, des Gebrauchs und des Erwerbs der Sprachkompetenz illustriert worden sind.

Schließlich gibt es noch ein Problem, das ein kommentierendes Wort verdient. Ich habe mit ziemlicher Freiheit eine mentalistische Terminologie benutzt, ohne jedoch damit irgendeine Vorentscheidung der Frage zu treffen, welches die physische Realisation der abstrakten Mechanismen sein mag, die zur Erklärung der Phänomene des Verhaltens und des Erwerbs von Wissen postuliert werden. Wir sind nicht wie Descartes gezwungen, eine zweite Substanz zu postulieren, wenn wir die Phänomene behandeln, die nicht im Rekurs auf eine in seinem Sinne bewegliche Materie formulierbar sind. Es liegt auch nicht viel Sinn darin, der Frage des psycho-physischen Parallelismus in diesem Zusammenhang weiter nachzugehen. Es ist eine interessante Frage, ob die Funktionsweise und die Evolution des menschlichen Geistes in dem Rahmen physikalischer Erklärung, wie er heute verstanden wird, einen Platz finden kann, oder ob neue, heute noch unbekannte Prinzipien herangezogen werden müssen, vielleicht Prinzipien, die erst auf höheren Organisationsebenen auftreten, als sie heute einer physikalischen Erforschung zugänglich sind. Wir können allerdings ziemlich sicher sein, daß, wenn es für die zur Debatte stehenden Phänomene überhaupt eine Erklärung gibt, dies eine physikalische Erklärung sein wird, und zwar aus einem uninteressanten terminologischen Grund, weil nämlich der Begriff »physikalische Erklärung« ohne Zweifel so erweitert werden wird, daß alles, was auch immer in diesem Bereich entdeckt wird, unter ihn fällt, genauso wie er erweitert wurde, um die Gravitationskraft und die elektromagnetische Kraft, masselose Partikel und zahlreiche andere Entitäten und Prozesse zu erfassen, die den gesunden Menschenverstand früherer Generationen beleidigt haben würden. Aber es scheint klar zu sein, daß dieses Problem die Behandlung der Themen, die jetzt der Forschung zugänglich sind, nicht zu verzögern braucht, und es scheint sinnlos, über Dinge zu spekulieren, die dem gegenwärtigen Verständnis so fern liegen.

Ich habe darzulegen versucht, daß die Untersuchung der Sprache durchaus, wie in der Tradition vermutet wurde, eine bemerkenswert günstige Perspektive für die Untersuchung der mentalen Prozesse des Menschen eröffnet. Der kreative Aspekt des Sprachgebrauchs zeigt, daß, wenn man ihn sorgfältig und unter Berücksichtigung der Tatsachen untersucht, die geläufigen Begriffe von Gewohnheit und Verallgemeinerung als Determinanten des Verhaltens oder des Wissens gänzlich inadäquat sind. Die Abstraktheit der Sprachstruktur bestärkt diese Schlußfolgerung, und sie läßt weiterhin vermuten, daß der Geist sowohl bei der Perzeption als auch beim Lernen eine aktive Rolle bei der Bestimmung der Art des erworbenen Wissens spielt. Die empirische Untersuchung sprachlicher Universalien hat zu der Formulierung hochgradig restriktiver und, wie ich glaube, ganz plausibler Hypothesen über die mögliche Verschiedenartigkeit menschlicher Sprachen geführt, Hypothesen, die einen Beitrag zu dem Versuch darstellen, eine Theorie über den Erwerb von Wissen zu entwickeln, die der genuinen mentalen Aktivität gebührenden Raum gewährt. Es scheint mir somit, daß die Sprachwissenschaft eine zentrale Stelle in der allgemeinen Psychologie einnehmen sollte.

Sicherlich erfahren die klassischen Fragen von Sprache und Geist durch die Arbeiten, die heute intensiv vorangetrieben werden, keine endgültige Lösung, es gibt nicht einmal einen Hinweis auf eine endgültige Lösung. Nichtsdestoweniger können diese Probleme auf neue Art formuliert und in neuem Licht gesehen werden. Zum ersten Male seit vielen Jahren, so scheint es mir, besteht wirklich die Möglichkeit eines echten Fortschritts zu einer Untersuchung dessen, was der Geist für die Perzeption und die angeborene Basis für den Erwerb von Wissen leistet. In vieler Hinsicht haben wir jedoch noch nicht einmal den ersten Schritt getan, um eine wirkliche Lösung der klassischen Probleme zu finden. Beispielsweise bleiben die zentralen Probleme, die den kreativen Aspekt des Gebrauchs der Sprache betreffen, so unzugänglich, wie sie es immer gewesen sind. Und die Untersuchung der universalen Semantik, die sicherlich für eine vollständige Erforschung der Sprachstruktur entscheidend ist, hat seit dem Mittelalter kaum Fortschritte gemacht. Viele andere kritische Bereiche könnten erwähnt werden, wo es nur einen langsamen oder auch gar keinen Fortschritt gegeben hat. Ein wirklicher Fortschritt ist in der Untersuchung der Mechanismen der Sprache erreicht worden, der formalen Prinzipien, die den kreativen Aspekt des Sprachgebrauchs ermöglichen und die phonetische Form und den semantischen Inhalt von Äußerungen determinieren. Unser Verständnis dieser Mechanismen, obwohl es nur fragmentarisch ist, scheint allerdings wirkliche Implikationen für die Humanpsychologie zu besitzen. Wenn wir die Forschungen, die heute durchführbar erscheinen, weiter betreiben und die Aufmerksamkeit auf bestimmte Probleme konzentrieren, die heute der Untersuchung zugänglich sind, dann kann es uns gelingen, einigermaßen detailliert die komplizierten und abstrakten Verfahren herauszufinden, die teilweise die Natur der Perzepte und den Charakter des Wissens, das wir erwerben können, determinieren – jene hochgradig spezifischen Arten, Phänomene zu interpretieren, die in hohem Maße jenseits unseres Bewußtseins und unserer Kontrolle liegen und die für den Menschen einzigartig sein mögen.

Anhang:
Linguistik und Politik

Interview mit Noam Chomsky

Das folgende Interview erschien in der Nummer 57 der new left review *(September/Oktober 1969).*
Sein Abdruck als Anhang zu Sprache und Geist, *der mit Zustimmung des Autors erfolgt, ist nicht nur dadurch gerechtfertigt, daß das Interview auf Themen eingeht, die in den drei Vorträgen behandelt werden, sondern auch dadurch, daß es die andere, die politische Seite von Chomskys öffentlicher Existenz hervorkehrt und die Frage nach einem möglichen Zusammenhang zwischen wissenschaftlicher Arbeit und politischer Aktivität stellt, die heute von besonderer Relevanz ist.*

Aus Ihren Schriften geht eindeutig hervor, daß Sie sich schon lange, bevor der Vietnam-Krieg für Amerika eine Frage von vorherrschender Bedeutung wurde, ernsthaft mit Politik auseinandergesetzt haben. Würden Sie uns einiges über den Hintergrund Ihrer gegenwärtigen politischen Einstellung erzählen?

Ich habe mich seit meiner frühen Kindheit, wenn auch nicht immer aktiv, so doch intellektuell mit Politik beschäftigt. Ich bin in der radikalen jüdischen Gemeinde von New York aufgewachsen. Das war zur Zeit der Wirtschaftskrise; viele meiner nächsten Angehörigen waren in verschiedenen Bewegungen der Linken und der Arbeiterklasse aktiv. Mein erster »politischer« Artikel, an den ich mich erinnere, erschien in einer Schülerzeitung, ein Artikel über den Fall Barcelonas. Der spanische Bürgerkrieg hinterließ als eines der wichtigsten Ereignisse während meiner Kindheit natürlich tiefe Spuren. Ich hatte flüchtige Verbindungen zu verschiedenen Gruppen: ich suchte nach etwas, das im Rahmen der marxistischen oder zumindest der revolutionären Tradition stünde, jedoch nicht die elitären Aspekte hätte, die mir, damals wie heute, entstellend und destruktiv erschienen. Als Teenager, während der vierziger Jahre, trieb ich mich viel in linken Buchläden und in den Büros der »off-beat«-Gruppen und -Redaktionen herum, sprach mit Leuten, oft sehr einsichtigen und interessanten Leuten, die ernsthaft über die Probleme der sozialen Veränderung nachdachten – und sah zu, was ich aufgreifen konnte. Ich interessierte mich dann stark für eine jüdische Organisation, die den jüdischen Staat in Palästina ablehnte und sich für eine arabisch-jüdische Zusammenarbeit auf sozialistischer Basis einsetzte. Außerdem lernte ich von meinen Verwandten und Freunden ganz zwanglos dieses und jenes und schuf mir so einen gewissen Rahmen, in dem sich meine eigene Art zu denken entwickelte. Tatsächlich geriet ich mehr oder weniger auf diesem Weg, d. h. durch meine Verbindung zu jenen politischen Gruppen, an die Linguistik. Ich war sehr beeindruckt von Zellig Harris, dem Leiter des Linguistik-Departments an der Universität von Pennsylvania, und ich stellte fest, daß wir gemeinsame politische Interessen hatten. Sein Denken hatte einen halb-anarchistischen Zug. Während der fünfziger Jahre zog ich mich dann aus politischen Engagements zurück, obwohl ich mein intellektuelles Interesse natürlich bewahrte. Ich unterzeichnete Petitionen, zum Beispiel im Fall Rosenberg, und beteiligte mich gelegentlich an Demonstrationen, aber das war kaum der Rede wert. In den sechziger Jahren wurde ich dann wieder etwas aktiver. Wie die meisten Menschen hatte auch ich etwas mit der Bürgerrechtsbewegung zu tun. Aber rückblickend habe ich den Eindruck, daß ich mich nur sehr langsam engagierte. Erst als die Eskalation des Vietnam-Krieges einsetzte, begann ich eine wirklich aktive politische Rolle zu spielen. Leider viel zu spät.

Wie wirksam war Ihrer Ansicht nach die Anti-Kriegs-Bewegung bisher? Wie wirksam kann sie Ihrer Ansicht nach in der Zukunft sein?

Ich glaube, daß die Bewegung den Krieg wahrscheinlich beenden könnte, wenn sie es fertigbrächte, sich zu konsolidieren und zu handeln. Deshalb halte ich es für eine große Tragödie, daß sie in den letzten Monaten mehr oder weniger zusammengebrochen ist. In der Vergangenheit hatte sie meines Erachtens Randwirkungen. Die wirklich wichtigen Faktoren waren natürlich die FNL und der Kampf in Vietnam selbst. Aber ich glaube, es gibt Beweise dafür, daß die politischen Aktionen in Amerika die amerikanische Aggression eingeschränkt und zurückgehalten haben; daß der Wunsch, den Krieg fortzuführen, infolge der Unruhen und Proteste in der amerikanischen Gesellschaft selbst nachgelassen hat. Die Kosten, die er dem eigenen Land bereitet, wurden allmählich zu hoch. Natürlich hätte das ohne die Tet-Offensive nicht so viel Gewicht gehabt, ich glaube aber, es war trotzdem ein wichtiger Faktor. Der Druck, den Krieg zu beenden, wird in der Tat recht stark. So hat z. B. bereits das *Wall Street Journal* gegen den Krieg opponiert. Wenn nach der Wahl Nixons genügend Spannungen, Unruhen und Demonstrationen stattgefunden hätten, wäre meines Erachtens das Ende des Krieges beträchtlich beschleunigt worden. Das geschah jedoch aus verschiedenen Gründen nicht.

Glauben Sie, daß die Kette von Unruhen an den Universitäten eine Art Solidarisierung mit den Vietnamesen ist, unabhängig von der eigentlichen Bewegung gegen den Krieg?

Da bin ich mir im unklaren. Diese Unruhen richten sich nicht in erster Linie gegen den Krieg, daher ist es nicht so eindeutig, daß sie einen Teil der Kosten des Krieges darstellen. Zwischen der Demonstration vor dem Pentagon im Oktober 1967 und den Ereignissen an der Columbia-Universität im Frühjahr 1968 hat die Politik der Studenten eine Veränderung durchgemacht. Mein persönlicher Eindruck ist, daß diese Veränderung den Vietnamesen nicht sehr geholfen hat. Hätte die Studentenbewegung ihre Energien und ihre Aktivität unmittelbarer auf den Krieg konzentriert, dann wäre sie ein viel stärkeres Druckmittel gewesen, den militärischen Einsatz Amerikas zu reduzieren. Natürlich muß jeder vernünftige Mensch erkennen, daß Studentenunruhen mit zur Opposition gegen den Vietnam-Krieg gehören. Aber es ist nicht gesagt, daß sie aufhören, wenn der Krieg aufhört. In dieser Hinsicht sind sie also taktisch weniger wirksam als eindeutige Maßnahmen gegen den Krieg.

Aber es ist schwer vorstellbar, wie die Studentenbewegung die universitätseigenen Probleme umgehen sollte. Es gibt an den Universitäten wirkliche, die Studenten betreffende Widersprüche, die die Studentenbewegung nicht ignorieren kann. Eine Anzahl von Unruhen scheint spontan aus der Situation an den Universitäten heraus entstanden zu sein.

Ich bin nicht so überzeugt, daß die in der Studentenbewegung aktiven Leute einfach das aktuellste Problem aufspüren und daran arbeiten sollten. Das würde auf einen Mangel an Perspektiven deuten. Sie sollten vielmehr jene Probleme aufgreifen, die am wichtigsten sind, und versuchen, die Menschen, die sie erreichen wollen, von der Wichtigkeit dieser Probleme zu überzeugen. Das ist etwas anderes, als Probleme aufzuspüren, die aktuell zu sein scheinen, und sie auszusondern, weil sie als nützliche Aufhänger für eine Bewegung dienen könnten. Ich glaube jedoch nicht, daß das unbedingt falsch ist: Der Aufbau einer Bewegung, die sich für gesellschaftliche Veränderung, vielleicht für revolutionäre Veränderung einsetzt, ist wichtig. Man muß aber vorsichtig sein, um Opportunismus zu vermeiden, und immer versuchen, grundsätzliche Probleme aufzugreifen und nicht solche, die einem im Augenblick gerade passen. Die Notwendigkeit, den Vietnamkrieg zu beenden, scheint mir so dringlich, daß ich durchaus bereit wäre, mich äußerst stark für eine Bewegung zu engagieren, die dann endet, wenn der Vietnamkrieg endet, vorausgesetzt, daß diese Bewegung zur Beendigung des Krieges beitragen würde. Die Beendigung des Vietnamkrieges, scheint mir, sollte für jede radikale oder revolutionäre Bewegung in Amerika an absolut erster Stelle stehen.

Was sind Ihrer Meinung nach die wirksamsten Aktionsformen, deren sich die Anti-Kriegs-Bewegung in Zukunft bedienen kann?

Kriegsdienstverweigerung war wirksam und könnte sogar noch wirksamer sein, wenn sie zu einer gut organisierten und geschlossenen Bewegung würde. Ich bin auch der Ansicht, daß Sabotage angesichts dieses Krieges vollkommen gerechtfertigt ist und die Unterstützung der Öffentlichkeit finden sollte. In Milwaukee zum Beispiel sind vierzehn Leute einfach losgegangen, haben die Einberufungsakten mitgenommen und sie alle mit Napalm verbrannt. Das war eine bedeutende Tat, und sie hätte noch bedeutender sein können, wäre sie das Signal für große Solidarisierungs-Demonstrationen und -Aktionen gewesen.

Es geht nicht nur um Aktionen, die auf die Universitäten beschränkt bleiben. In Kalifornien zum Beispiel haben sich sowohl Studenten als auch Arbeiter an Aktionen beteiligt. Glauben Sie nicht, daß damit ein entscheidender Schritt nach vorn gemacht wurde, in Anbetracht der Tatsache, daß die Arbeiterklasse Amerikas bisher noch keine bedeutende Rolle in der Bewegung gegen den Krieg gespielt hat?

Wenn die Vietnamesen warten müssen, bis wir eine ernstzunehmende politische Bewegung gegen jegliche Form kapitalistischer Repression in den USA aufbauen, dann sind sie alle Todeskandidaten. Es ist wahr, daß der aktive Widerstand gegen den Krieg von der Mittelschicht oder sogar der gehobenen Mittelschicht getragen wird, aber das ist ein politisch höchst wichtiger Teil der Bevölkerung. Er läßt sich schwer unterdrücken, wenn man bedenkt, daß die Unterdrückung dieser Schicht hohe politische Kosten fordern würde, was wiederum ein Hebel für den Protest gegen den Krieg wäre, dessen man sich bedienen sollte. Ich habe nichts dagegen, daß die anti-egalitären Aspekte der amerikanischen Gesellschaft als Waffe gegen ihre Außenpolitik eingesetzt werden. In jedem Fall dürfen wir die Vietnam-Frage nicht aufschieben, nur um eine Bewegung aufzubauen, die für ein längerfristiges Ziel kämpft. Selbst wenn diese beiden Ziele im Widerspruch stünden, sollten wir meiner Meinung nach dem Ziel, den Krieg zu beenden, den Vorrang geben. Ich glaube aber nicht, daß sie im Widerspruch stehen. Grundsätzlicher Widerstand gegen den Krieg führt direkt zu grundsätzlichem Widerstand gegen den Imperialismus und die Ursachen des Imperialismus und somit zur Bildung einer grundsätzlich anti-kapitalistischen Bewegung.

Sie haben viele sehr überzeugende und eindringliche Anklagen gegen den amerikanischen Imperialismus in Vietnam erhoben. Würden Sie uns die Gründe nennen, warum die USA nach Vietnam gingen?

Ich glaube, daß die USA aus vielen Gründen nach Vietnam gegangen sind, und ich glaube, daß sich diese Gründe im Laufe der Zeit geändert haben. Im Augenblick bleiben wir, so meine ich, weitgehend deshalb dort, weil wir viel in einen Irrtum investiert haben und weil es für Leute, die in ihr Engagement für eine Politik ein hohes Maß an Prestige investiert haben, schwer ist, ihre Niederlage einfach zuzugeben. So suchen sie nach etwas, das sie einen »ehrenhaften Frieden« nennen können, den es aber, so wie sie ihn verstehen, nicht gibt. Wenn wir jedoch weiter zurückschauen, finden wir eine Reihe anderer Gründe. Liest man die Propagandaschriften des Außenministeriums aus den Jahren 1950/51, so stellt man fest, daß damals die Absicht bestand, die Franzosen so weit zu unterstützen, daß ihnen die Wiederherstellung der französischen Kolonialherrschaft und die Ausrottung des Kommunismus in Vietnam möglich wäre. Als es sich zeigte, daß die Franzosen dazu nicht in der Lage waren, nahmen eben die Vereinigten Staaten die Sache in die Hand. Dean Acheson machte deutlich, daß die USA nach dem »Verlust« Chinas keine weitere Störung des integrierten Weltsystems, das sie zu errichten versuchten, tolerieren wollten, und eine Revolution in Vietnam wurde als ein Riß in diesem System angesehen. Nun ist es fraglos richtig, wie viele Menschen betonen, daß die USA ohne Vietnam als ihre Kolonie überleben können, daß die USA den vietnamesischen Gummi oder was es sei nicht brauchen. Aber wie ich glaube, zeigt gerade die Tatsache, daß Vietnam in dieser Hinsicht so unwichtig ist, für wie verzweifelt notwendig man es erachtet, ein integriertes Weltsystem aufrechtzuerhalten. Man ist bereit, dieses große Engagement einzugehen, nur um einen marginalen, peripheren Teil seines Imperiums zu halten.

Blickt man ein wenig tiefer, so sieht man noch andere Dinge vor sich gehen. Zum Beispiel führten die USA den Zweiten

Weltkrieg im Pazifischen Raum hauptsächlich deshalb, um Japan daran zu hindern, ein eigenes unabhängiges, integriertes Imperium zu errichten, das den USA verschlossen bliebe. Das war der eigentliche Hintergrund, vor dem sich der japanisch-amerikanische Krieg abspielte. Nun, die USA siegten. Die Folge davon ist, daß sie jetzt ein System entwickeln müssen, in dem Japan die Rolle des Junior-Partners spielen kann. Das bedeutet, daß die USA Japan das garantieren müssen, was es als Partner benötigt, nämlich Märkte und den Zugang zu Rohstoffen, die für Japan im Gegensatz zu den USA von lebensnotwendiger Bedeutung sind. Nun können die USA durchaus ohne Südostasien überleben. Japan aber kann das nicht. Wenn die USA also Japan in das amerikanische System fest eingefügt wissen wollen, dann müssen sie Südostasien für Japan erhalten. Sonst hätte Japan andere Möglichkeiten. Es würde sich China oder Sibirien zuwenden, was bedeuten würde, daß die USA den Zweiten Weltkrieg im Pazifischen Raum verloren hätten. Wieder einmal würde sich eine große Industriemacht einen unabhängigen Raum schaffen, der – logisch zu Ende gedacht – vom amerikanischen Weltsystem abgetrennt und ihm teilweise verschlossen wäre.

Ich glaube, daß die USA unmittelbar nach dem Zweiten Weltkrieg diese Gefahr erkannten und deshalb anfingen, die Herrschaftsbeziehungen zwischen Japan und seinen ehemaligen Kolonien wieder herzustellen. Das philippinische Volk war darüber empört und bestürzt. Es glaubte, den USA zum Sieg verholfen zu haben, und mußte nun überrascht feststellen, daß die USA Japan erneut als eine Industriemacht aufbauten und die Philippinen ignorierten. Der Grund dafür liegt jedoch auf der Hand. Japan konnte nicht ignoriert werden, und die USA wollten, daß es die ihm zugedachte Rolle im amerikanischen Weltsystem spiele, ähnlich der Rolle, die Großbritannien im Atlantischen Raum übernommen hatte. Die Konsequenz ist, daß Rohstoffquellen und ein Absatzmarkt für japanische Güter in Südostasien erhalten bleiben müssen. Die USA selbst haben es nicht nötig, dort Motorräder zu verkaufen, Japan aber *muß*, und die USA müssen dafür garantieren, daß es *kann,* wenn das amerikanische System dort stabil bleiben soll.

Ein weiterer, in der Vergangenheit sehr wichtiger und für die Zukunft höchst bezeichnender Faktor ist dieser: der Vietnamkrieg wurde zum ideologischen Werkzeug für die strategische Theorie der Intelligentsia des Kalten Krieges, die mit Kennedy an die Macht kam. Er sollte als Testfall dienen, an dem sie zeigen konnte, wie sie mit Hilfe säuberlich geplanter Programme zur Aufstandsbekämpfung potentielle revolutionäre Bewegungen überall auf der Welt kontrollieren könnte. Sie hat sich hier stark engagiert. Wenn die technische Intelligentsia zur Planung der Politik herangezogen wird, so ist das etwas ganz anderes, als wenn eine Besitz-Elite oder eine Aristokratie in der Politik mitmischt. Um es kurz zu sagen: Wenn ein Mann wie Averell Harriman einen Fehler macht, so glaubt er nicht, sein Recht auf das Regieren der Welt verloren zu haben. Sein Recht auf das Regieren der Welt gründet in der Tatsache, daß sein Großvater Eisenbahnen baute. Wenn aber Walt Rostow oder McGeorge Bundy einen Fehler machen, wenn es sich gar herausstellt, daß sie alles falsch gemacht haben, dann verlieren sie ihren einzigen Anspruch darauf, im Zentrum der Macht zu stehen, der sich darauf gründet, daß sie mehr wissen als andere Leute. Die Folge davon ist, daß die von dieser technischen Intelligentsia ausgearbeiteten politischen Richtlinien eine eigenartige Lebensdauer haben. Der Anspruch anderer auf Macht muß durch einen Fehler nicht unbedingt derart geschmälert werden, daher können sie ein wenig pragmatischer und opportunistischer sein.

Aber Sie glauben doch nicht, daß in irgendeiner entscheidenden Hinsicht die Macht vom Großkapital auf die Intelligentsia übertragen wurde? Würden Sie zustimmen, daß die Macht immer noch dort ist, wo sie immer war, beim Großkapital, und daß das neuerliche Hervortreten der Intelligentsia nicht bedeutet, daß es in den USA neue Produktionsverhältnisse oder eine neue, qualitativ andere Phase des Kapitalismus gibt?

Der Gedanke, daß Macht vom Kapital auf das Wissen verlagert wurde, ist wohl weitgehend ein Hirngespinst. Aber die technische Intelligentsia leistet der Besitz-Elite, die Amerika während dieses Jahrhunderts regiert hat, große Dienste, und ich glaube, sie liefert ihren eigenen Beitrag, einen sehr gefährlichen Beitrag. Die Intellektuellen waren bisher immer eine Art kritischer Stimme. Das war ihre wichtigste Funktion. Nun verlieren sie diese Funktion und schließen sich der Ansicht an, daß es ihre Rolle sei, soziale Technologie in kleinen Schritten anzuwenden.

Glauben Sie nicht, daß der amerikanische Imperialismus seiner Natur gemäß zu Recht Volksaufstände und Revolutionen fürchtet, wo immer sie auftreten mögen, in noch so kleinen und entfernten Ländern, einfach deshalb, weil immer die Gefahr der Ansteckung droht?

Das ist richtig. Eine solche Gefahr besteht, und sie ist ernst zu nehmen. Das Ziel, eine vom amerikanischen Kapital beherrschte, integrierte Weltwirtschaft zu schaffen, rangiert für die Besitz-Elite, die die Vereinigten Staaten lenkt, an erster Stelle. Es geht nicht allein darum, sichere Gebiete für amerikanische Investitionen, Märkte und die Kontrolle über Rohstoffe zu haben, so wichtig sie auch sein mögen. Es ist ebenso notwendig, die Verteidigungsausgaben, d. h. letztlich die Kriegskosten auf einem hohen Stand zu halten. Das ist der wichtigste Keynes'sche Mechanismus zur Erhaltung dessen, was man eine gesunde Wirtschaft nennt. 1939 befanden sich die USA noch in der Wirtschaftskrise. Es gab neun Millionen Arbeitslose. Der Krieg machte dem ein Ende. Während des Zweiten Weltkrieges vervierfachte sich die amerikanische Industrieproduktion. Das geschah mit Hilfe einer straffen Lenkung der Wirtschaft durch Regierungsintervention, vor allem in der Waffenproduktion, dann aber auf die übrige Wirtschaft ausgedehnt. Und zwar wurde dieser Unterricht in politischer Ökonomie gerade denen zuteil, die davon profitieren konnten, nämlich den Wirtschaftsmanagern, die nach Washington gekommen waren, um die Kriegswirtschaft zu lenken. Von ihrem Standpunkt aus betrachtet ist Waffenproduktion ideal. Sie hält die Wirtschaft in Gang und kollidiert nicht mit privaten Interessen. Natürlich muß der Steuerzahler bereit sein, die Rechnung zu begleichen. Daher die Paranoia des Kalten Krieges, die dieser enormen Waffenproduktion zur Seite steht. Ohne die große Angst vor den Kommunisten, vor der Dritten Welt oder vor China gäbe es keinen Grund, fünfzig Prozent von jedem Steuerdollar für Subventionen an die kriegsorientierte Industrie auszugeben. All diese Dinge hängen zusammen.

Können Sie uns etwas über die Kampagne gegen die Beteiligung des Massachusetts Institute of Technology am Militärprogramm der USA erzählen, an der Sie teilgenommen haben?

Ich habe mich einfach der Führung der Studenten anvertraut, die hier sehr klug vorgegangen sind. Das MIT unterhält zwei Laboratorien, die weitgehend vom Pentagon und von der NASA finanziert werden, mit etwa 125 Millionen Dollar pro Jahr. Ungefähr viertausend Menschen sind dort zumeist mit rüstungsorientierten Projekten beschäftigt. Sie arbeiten an dem Entwurf für das Poseidon-MIRV-System [Multiple Independently Targeted Re-entry Vehicles], an der Forschung für die ABM-Systeme [Anti-Ballistic-Missiles] und an vielen ähnlichen Projekten. Sie arbeiten auch an Counter-Insurgency-Programmen, an Techniken zum Aufspüren von unterirdischen Gängen und von Menschen, die sich unter dichtem Laubwerk verborgen halten, an allem möglichen. Nun stehen uns mehrere Möglichkeiten für eine Kampagne gegen die Beteiligung an »Verteidigungs«-Programmen dieser Art offen. Wir könnten versuchen, die Verbindung zwischen der Universität und den Laboratorien, in denen diese Arbeiten ausgeführt werden, abzubrechen. Das geschah vor kurzem in Stanford. Doch die Studenten waren dagegen. Sie haben von Anfang an betont, das sei keine akzeptable Lösung. Es wäre tatsächlich nur eine Art

terminologischer Veränderung. Die Arbeit würde fortgesetzt, wenn auch unter anderem Namen. Dieselben Leute von der Universität wären daran beteiligt, wenn auch vielleicht nur in beratender und nicht in leitender Funktion. Es gibt kein überzeugendes Argument für den Versuch, in einer verbrecherischen Gesellschaft »reine« Universitäten zu entwickeln. Ich würde die Laboratorien lieber im Mittelpunkt des Campus sehen, wo ihre Gegenwart dazu benutzt werden könnte, z. B. zukünftige Ingenieure zu politisieren, anstatt sie irgendwo versteckt zu wissen, während der Campus schön sauber und klösterlich dreinschaut. Ich denke genauso über bakteriologische und chemische Kriegsforschung. Ich würde ein Gebäude mit dem Namen »Abteilung für bakteriologische Kriegführung« lieber mitten im Campus sehen als weit weg auf der Landkarte, in Fort Detrick oder an einem Ort, den keiner kennt. So gesehen könnte der Versuch, alle Verbindungen zwischen der Universität und dem Verteidigungsministerium abzubrechen, in der Tat rückschrittlich sein.
Also müssen wir uns einer zweiten Möglichkeit zuwenden. Wir wollen versuchen, die Kontrolle über die Laboratorien zu behalten, gleichzeitig aber auch versuchen, zu kontrollieren, welche Art Forschung in ihnen betrieben wird. Das ist natürlich schwierig, weil für alles außer für militärische Forschung nur begrenzte Gelder vorhanden sind. Auch rückt damit das Problem in den Vordergrund, eine Allianz zwischen Studenten und Arbeitern herzustellen. So wie die Dinge liegen, sind die Arbeiter in den Laboratorien – Wissenschaftler, Techniker, ungelernte Arbeiter – entsetzt über die Vorstellung, die Kriegsforschung könnte eingestellt werden. Als wir mit den Demonstrationen begannen, strengte die Gewerkschaft dort, deren Mitglieder größtenteils Maschinenbauer usw. sind, tatsächlich einen Prozeß an, um zu verhindern, daß das MIT die Kriegsforschung einstellte. Man erkennt die Logik, die dieser Handlungsweise zugrunde liegt. Sie sehen keine Alternative zur Kriegsforschung innerhalb der Wirtschaft Neuenglands.
Wir müssen die Menschen irgendwie dazu bringen, einzusehen,

daß die Technologie auch zu anderen Zwecken angewandt werden kann, und daß es keinen vernünftigen Grund gibt, warum die öffentlichen Gelder, von denen sie leben, allein zum Zweck der Zerstörung ausgegeben werden sollten. Wir müssen diese Frage immer wieder offen zur Diskussion stellen. Wir müssen versuchen, die Laboratorien umzuwandeln. Wir müssen versuchen, gesellschaftlichen und politischen Druck auszuüben für eine gesellschaftlich nützliche Technologie. Das bedeutet, Ideen, die sich zunächst utopisch anhören, real und möglich erscheinen zu lassen. Das ist eine große Aufgabe, und wir rechnen nicht damit, sie in kurzer Zeit bewältigen zu können.

Sie scheinen den liberalen Gedanken zu verwerfen, daß in der amerikanischen Gesellschaft begrenzte Reformen durchgeführt werden können, gleichzeitig aber scheinen Sie für revolutionäre Aktionen keine unmittelbare Zukunft zu sehen.

Wir sollten wo immer möglich Zellen neuer Institutionen aufbauen. Wir sollten versuchen, den Leuten bewußt zu machen, was mit dieser Gesellschaft nicht stimmt, und ihnen eine klare Vorstellung von der neuen Gesellschaft vermitteln. Dann können wir zu einem Aktionsprogramm für die breite Masse übergehen. Eine demokratische Revolution kann nur dann stattfinden, wenn sie die Unterstützung der breiten Masse findet, wenn diese weiß, was sie tut und warum sie es tut, und wenn sie weiß, was sie entstehen wissen will. Vielleicht nicht im Detail, aber zumindest in mancher Hinsicht. Eine Revolution ist etwas, das eine breite Masse von Menschen verstehen und für das sie sich persönlich einsetzen muß.

Sehen Sie in den Bemühungen an den Oberschulen eine Möglichkeit, die gesellschaftliche Basis der Studentenbewegung zu erweitern?

Das Potential dort ist sehr groß. Jüngsten Berichten zufolge gab es an ungefähr 60 Prozent der amerikanischen Oberschulen recht erstaunliche Schülerproteste, gewöhnlich aus politischem Anlaß. Hier zeigt sich das gleiche Potential wie bei den gemeinsamen Aktionen mit den Arbeitern von »Richmond Oil« in Kalifornien: da findet eine Radikalisierung, eine Politisierung eines Teils der Bevölkerung statt, der bisher mit Politik nichts zu tun hatte. Wir können mit einer losen Reihe von Verbindungen rechnen, die sich über Oberschulen und Universitäten erstrecken und als Basis für eine wirklich entscheidende politische Bewegung dienen könnten.

Wenn die Studentenbewegung ernsten Repressionen ausgesetzt sein sollte, was mehr als wahrscheinlich ist, dann wird die Notwendigkeit einer besseren Organisation und eines stärkeren intellektuellen Zusammenhalts deutlich werden. Glauben Sie, daß die Zeit vorbei ist, in der man sich auf ad hoc-Aktionsformen und ad hoc-Parolen verlassen konnte?

Ohne eine revolutionäre Theorie oder ein revolutionäres Bewußtsein wird es keine revolutionäre Bewegung geben. Es wird keine ernstzunehmende Bewegung geben ohne eine klare Analyse und einen theoretischen Standpunkt. Natürlich muß die Studentenbewegung in der Lage sein, sich gegen Repressionen zu wehren. Das muß auch über die Bewegung hinausgehen. Die *Black Panthers* sind starken Repressionen ausgesetzt, und wir sollten nicht zulassen, daß das vergessen wird.

Was stellen Sie sich unter einer revolutionären Theorie vor?

Es gibt gewisse Krisen des Kapitalismus, die intern nicht überwunden werden können. Sie können nur durch die vollständige Umstrukturierung der gesellschaftlichen Beziehungen überwunden werden. Alle wirtschaftlichen und politischen Institutionen sollten unter demokratische Kontrolle gestellt werden, sei es durch direkte Beteiligung der Arbeiter und all derer, die mit ihnen zu tun haben, weil sie in einem bestimmten geographischen Gebiet wohnen, oder auf der Basis anderer Arten von freier Assoziation. Um ein Beispiel zu nennen: Im Augenblick herrscht eine ernste Krise des Kapitalismus hinsichtlich des Problems, wie man technologische Ressourcen nutzen kann, um menschliche Bedürfnisse zu befriedigen, nicht aber das Bedürfnis, ein sinnloses, irrationales und räuberisches Wirtschaftssystem aufrecht zu erhalten. Dieses Problem kann nicht im Rahmen der kapitalistischen Ideologie oder der kapitalistischen Produktionsweise gelöst werden. Bestimmte menschliche Bedürfnisse können nur kollektiv geäußert werden, und das setzt ein völlig anderes System voraus. Ich glaube, Aufgaben wie die Erweiterung der Demokratie, die Befriedigung menschlicher Bedürfnisse und die Umweltschonung sind von höchster Wichtigkeit. Eine revolutionäre Theorie sollte sich mit Entwicklungsfragen dieser Art befassen und sie in etwas umsetzen, das unmittelbar einsichtig ist.

Verstehen Sie den Leninismus nicht als die Grundlage der revolutionären Theorie, die Sie gern entwickelt sähen? Sind Sie ebenso anti-leninistisch wie anti-stalinistisch eingestellt?

Es wäre ein grotesker Fehler zu behaupten, Stalin sei nur die Verwirklichung leninistischer Prinzipien oder etwas Ähnliches gewesen. Lenin selbst betonte zu Recht, daß die Revolution in einem rückständigen Land wie Rußland keinen Erfolg haben könne, wenn es nicht eine internationale Revolution gäbe. Aber Lenins Theorie hat ganz verschiedene Aspekte. Da ist einerseits *Staat und Revolution*, das im Prinzip akzeptabel ist, und andererseits die effektive Zerschlagung der Räte, da ist Kronstadt und die Unterdrückung der Arbeiteropposition, die sich zumindest unter Lenins Ägide ereignete. Wir könnten auf die Geschichte all dieser Vorgänge eingehen, wir könnten das eine kritisieren und das andere loben. Ich glaube aber, daß in Wirklichkeit zwei konkurrierende Tendenzen bestehen. Es gibt ein Modell, das die Führungsrolle der Avantgarde engagierter Intellektueller betont, die den Lauf der Bewegung kontrolliert und bestimmt. Das ist ein Aspekt der leninistischen Tradition, der den Boden für Stalin bereitete. Dann gibt es im Gegensatz dazu ein Modell, das die Grundlage der revolutionären Bewegung in der freiwilligen Assoziation der Massen sieht, die unter eigener Kontrolle stehen und dazu ermutigt werden, diese Kontrolle auszuüben, und sich durch diesen Prozeß selbst politisieren. Diese Tendenz ist eher die von Rosa Luxemburg und ihrer Kritik an Lenins Parteikonzept, aber wir sollten nicht vergessen, daß es auch den Lenin der *April-Thesen* und von *Staat und Revolution* gibt.

Glauben Sie nicht, daß die leninistische Tradition auch für die Revolutionen in China und Vietnam verantwortlich gemacht werden sollte, wenn man sie für den Stalinismus verantwortlich macht?

Offen gesagt, ich glaube, die Chinesen überschätzen ihre Abhängigkeit vom bolschewistischen Modell und unterschätzen das populistische Element, das im Maoismus enthalten ist. Ohne dieses Element wären sie möglicherweise weniger erfolgreich darin gewesen, die Massen für sich zu gewinnen, so, wie das für die russische Revolution keineswegs charakteristisch war.

Lenin betonte die Notwendigkeit der Massenteilnahme.

Ja, das ist der Lenin, den man in den *April-Thesen* und in *Staat und Revolution* findet. Nachdem aber die Bolschewiken die Macht übernommen hatten, verfolgten sie einen ganz anderen Kurs.

Welche Erklärung würden Sie für den Kalten Krieg geben? Stimmen Sie irgendeiner Version der »Konvergenztheorie« zu?

Ich glaube, es besteht eine gewisse Konvergenz in der Beteiligung der technischen Intelligentsia an der Macht. Von anarchistischer Seite gibt es eine alte Kritik an der Rolle der Intelligentsia in Bürokratien, die sehr einleuchtend ist. Es besteht ebenfalls Konvergenz hinsichtlich der Entwicklung großer zentralisierter Wirtschaftseinheiten. Aber natürlich hat sich der Kalte Krieg ohne Rücksicht auf irgendeine Konvergenz dieser Art ausgebreitet. Ich glaube, die Hauptursache des Kalten Krieges war die Errichtung eines geschlossenen Systems in Osteuropa durch die Sowjetunion. Das bestätigen viele Erklärungen der herrschenden Elite Amerikas, z. B. die in der Mitte der fünfziger Jahre veröffentlichte Untersuchung *The Political Economy of American Foreign Policy*, die die größte Bedrohung durch den Kommunismus in dessen Weigerung sieht, sich weiterhin den westlichen Industriewirtschaften anzuschließen. Eine jede geschlossene Gesellschaft ist eine Gefahr für die Vereinigten Staaten. Das gilt sowohl für die Sowjetunion wie für das Japan vor dem Krieg. Gewiß, die sowjetische Bedrohung rührte auch von der sozialisierten Produktion her, die japanische dagegen nicht. Doch im Prinzip waren beide Bedrohungen sehr ähnlicher Natur. Sie riegelten wichtige Gebiete der Erde ab und machten sie für das amerikanische Kapital unzugänglich. Die USA mußten diese Gefahr bekämpfen. Im einen Fall mittels der Pazifischen Phase des Zweiten Weltkrieges, im anderen Fall durch den Kalten Krieg.

Glauben Sie nicht, daß es auch deshalb geschah, weil die Sowjetunion eine Alternative zum westlichen Gesellschaftsmodell anbot?

Eine Alternative zum westlichen Entwicklungsmodell. Wenn man die sowjetischen Gebiete direkt nördlich von der Türkei und vom Iran mit den Gebieten unmittelbar südlich der Grenze vergleicht, stellt man einen sehr auffallenden Unterschied in der Entwicklung fest. Aber dasselbe galt auch für das Vorkriegs-Japan und seine »Neue Ordnung«. Meines Erachtens ist die Gefahr einer selbständigen Entwicklung wahrscheinlich ernster als die Gefahr einer sozialisierten Produktion. Es ist eine Gefahr für das Ziel, ein von den Vereinigten Staaten beherrschtes internationales System aufzubauen, in dem Kapital, Güter und Rohstoffe frei fließen können.

Aber obwohl die USA bisher nur einen relativ geringfügigen wirtschaftlichen Zugang zur Sowjetunion finden konnten, hat sich die Haltung merklich verändert zugunsten einer Entspannung. Warum wird China als eine viel größere Gefahr angesehen als die Sowjetunion?

Die Sowjetunion hat man bereits aufgegeben. Und es herrscht in Amerika seit langem die Überzeugung, daß der Handel mit China für die wirtschaftliche Entwicklung der USA von sehr großer Bedeutung sein wird. Das geht zurück auf die Zeit um 1780, zurück auf eine Zeit, als sich die am China-Handel interessierten Kaufleute an der Westküste Amerikas ansiedelten. Einer der Hauptgründe, warum die USA im späten 19. Jahrhundert die Philippinen besetzten, war der, daß sie eine Kohlestation für den Handel mit China brauchten. Natürlich spielt hier ein mythologisches Element mit, aber bei der Gestaltung der Politik zählt das, was die Leute glauben, und nicht, was wahr ist.

Wie auch immer, diese Argumentation erscheint recht ökonomistisch. Sicherlich war doch sowohl die bolschewistische als auch die chinesische Revolution eine Gefahr – kraft des Beispiels, das sie setzten, kraft der politischen und ideologischen Rückwirkungen? Der Fall Japan liegt ganz anders. Die Japaner versuchten, wie auch die USA, die Revolution in China zu unterdrücken. Das trifft für die Sowjetunion nicht unbedingt zu.

Die Japaner zogen nicht aus, um die Revolution in China zu unterdrücken. Zum Beispiel gab es 1931 keine chinesische Revolution in der Mandschurei und 1937 keine in Nordchina. Die Japaner zogen aus, um China zu beherrschen, und die Unterdrückung der Revolution war ein Nebenprodukt. Ich glaube, wenn China im Augenblick zufällig faschistisch und nicht kommunistisch wäre, aber ebenfalls dem gegenwärtigen amerikanischen Weltsystem verschlossen bliebe, dann würde es gleichermaßen als eine Gefahr für die USA angesehen werden. Aber vielleicht unterschätze ich die ideologische Gefahr. Es ist wohl wahr, daß der Erfolg einer von den Massen getragenen Volksrevolution wie der in China die Menschen andernorts auf bestimmte Gedanken bringt. Er lehrt sie, daß Eigentum nicht heilig ist und daß auch sie eine Revolution machen können. Wäre China faschistisch, so hätte es nicht diesen ideologischen Einfluß auf andere Teile der Welt, aber man würde es noch immer als eine Gefahr ansehen, wenn es vom amerikanischen Weltsystem isoliert wäre und einen selbständigen Entwicklungsweg verfolgen würde.

Wir möchten Ihnen einige Fragen über Ihre Arbeit in der Linguistik stellen. Glauben Sie, daß irgendein Zusammenhang besteht zwischen Ihrem Spezialgebiet und Ihrer politischen Einstellung, über die Sie gesprochen haben?

Wissenschaftliche Ideen und politische Ideen können konvergieren, und wenn sie unabhängig voneinander konvergieren, weil sie sich in dieselbe Richtung entwickelt haben, so ist das schön. Man sollte sie jedoch nicht zur Konvergenz zwingen um den Preis von Verfälschung, Unterdrückung oder was es auch sei.

In Ihren linguistischen Arbeiten verwenden Sie Begriffe wie »Freiheit«, »Spontaneität«, »Kreativität«, »Innovation« usw. Steht das in irgendeinem Zusammenhang mit Ihrer politischen Einstellung oder ist das Zufall?

Ein wenig von beidem. Es ist insofern ein Zufall, als diese Begriffe bei der Untersuchung der Sprache auftauchen und die Thesen, die sie unterstützen, geeignet oder ungeeignet, richtig oder falsch sind, ganz unabhängig von Politik. In diesem Sinn besteht keine Abhängigkeit. Und ähnlich ist meiner Meinung nach eine marxistisch-anarchistische Perspektive gerechtfertigt, ganz ungeachtet dessen, was die Linguistik dazu sagen mag. Sie sind also logisch unabhängig. Aber ich persönlich glaube doch, daß es einen gewissen Zusammenhang gibt. Ich will es so sagen: die politischen Vorstellungen eines jeden wie auch seine Vorstellungen von gesellschaftlicher Organisation müssen letztlich in irgendeinem Konzept der menschlichen Natur und der menschlichen Bedürfnisse wurzeln. Nun habe ich das Gefühl, daß die wichtigste menschliche Fähigkeit die Fähigkeit zu und der Wunsch nach kreativer Selbstäußerung, nach freier Kontrolle aller Aspekte unseres Lebens und Denkens ist. Eine besonders entscheidende Verwirklichung dieser Fähigkeit ist der kreative Sprachgebrauch als freies Werkzeug des Denkens und des Ausdrucks. Wenn man so über die menschliche Natur und die menschlichen Bedürfnisse denkt, versucht man, Formen gesellschaftlicher Organisation zu konzipieren, die die freieste und vollständigste Entwicklung des einzelnen, der Möglichkeiten jedes einzelnen, in welche Richtung es auch sei, erlauben würden; die es ihm erlauben würden, ganz Mensch zu sein in dem Sinn, daß er den größtmöglichen Spielraum für seine Freiheit und Initiative hat. Diesen Weg verfolgend könnte man in der Tat eine Sozialwissenschaft entwickeln, in der ein Konzept der gesellschaftlichen Organisation bezogen ist auf ein Konzept der menschlichen Natur, das empirisch wohlbegründet ist und auf gewisse Weise sogar zu Werturteilen darüber führen könnte, welche Form die Gesellschaft haben, wie sie sich verändern und wie sie neu strukturiert werden sollte. Ich möchte noch einmal betonen, daß Politik und Linguistik logisch unabhängig sind, daß man aber eine Art loser Verbindung herstellen kann. Diese Verbindung ist gelegentlich geschaffen worden. Humboldt zum Beispiel, der mich besonders interessiert, verband ein tiefes Interesse an der menschlichen Kreativität und dem kreativen Aspekt der Sprache mit dem, was im Kontext seiner Zeit libertäre Politik war.

Ein weiterer Begriff, der in Ihren linguistischen Arbeiten einen entscheidenden Platz einnimmt, ist der der »Regeln«. Wie läßt sich das mit der Betonung der Freiheit vereinbaren?

Ich glaube, wahre Kreativität bedeutet freies Handeln innerhalb des Rahmens eines Regelsystems. So z. B. in der Kunst: Wenn jemand ziellos Farbdosen gegen eine Wand wirft, ohne jegliche Regel, ohne jegliche Struktur, dann ist das keine künstlerische Kreativität, was es auch immer sonst sein mag. Es ist ein Gemeinplatz der ästhetischen Theorie, daß Kreativität ein Handeln miteinbezieht, das sich innerhalb eines Rahmens von Regeln abspielt, aber weder durch die Regeln noch durch äußere Stimuli eng determiniert ist. Nur in einer Kombination von Freiheit und Zwang stellt sich die Frage der Kreativität.

Die Tatsachen lassen mich vermuten und mein Vertrauen in die Menschheit läßt mich hoffen, daß es angeborene geistige Strukturen gibt. Gibt es sie nicht, sind die Menschen nur knetbare und zufällige Organismen, dann sind sie geeignete Objekte einer Verhaltenskontrolle von außen. Werden die Menschen nur durch zufällige Veränderungen das, was sie sind, warum sollte dann diese Zufälligkeit nicht durch die staatliche Autorität oder durch den Verhaltenstechnologen oder durch sonst etwas kontrolliert werden? Ich hoffe natürlich, es wird sich herausstellen, daß es innere Strukturen gibt, die die menschlichen Bedürfnisse und die Erfüllung menschlicher Bedürfnisse bestimmen.

Welche Rolle spielt die Menschheitsgeschichte? Sicherlich sind menschliche Bedürfnisse und ihre Erfüllung historisch bedingt. Welchen Spielraum geben Sie der historischen Bedingung?

Ich glaube, wir müssen in diesem Punkt sehr vorsichtig sein, bis wir den Rang und das Ausmaß möglicher Variationen des menschlichen Verhaltens weit besser verstehen. Dinge, die uns z. B. in der Sprache als große Variationen erscheinen, würden einem Superhirn als geringfügige Modifikationen erscheinen. Als Menschen, als lebende Menschen sind wir hauptsächlich an den Unterschieden zwischen uns selbst interessiert, und das ist ganz richtig. Als ein Mensch, der in der heutigen Welt lebt, interessiere ich mich sehr stark für den Unterschied zwischen

Englisch und Japanisch, weil ich Japanisch nicht verstehe und es sehr nützlich wäre, es zu können. Als Linguist jedoch interessiere ich mich für die Tatsache, daß Englisch und Japanisch recht geringfügige Modifikationen eines Grundmusters sind, und daß man sich andere Sprachsysteme vorstellen kann, die dieses Grundmuster verletzen, die in Wirklichkeit aber nirgendwo existieren. Nun ist es möglich, diese Untersuchungen als Linguist durchzuführen, weil wir eine Stufe der Abstraktheit erklimmen können, von wo aus wir eine große Gruppe möglicher Systeme überschauen und uns fragen können, wie sich die bestehenden menschlichen Sprachsysteme in diese Klasse einfügen. Und ich glaube, wir werden feststellen, daß sie sich in einen sehr kleinen Teil von ihr einfügen. Eine ernsthafte Untersuchung der moralischen oder der sozialen Systeme würde das gleiche tun. Sie würde sich fragen, welche Arten sozialer Systeme denkbar sind. Dann würde sie sich fragen, welche Arten in der Geschichte tatsächlich verwirklicht worden sind, und wie sie entstanden sind im Hinblick auf die in einem bestimmten Augenblick wirtschaftlicher und kultureller Entwicklung gegebenen Möglichkeiten. An diesem Punkt angekommen, lautet die nächste Frage, ob die Reihe sozialer Systeme, die von Menschen errichtet wurden, groß oder klein ist, welchen Spielraum und welche Möglichkeiten sie hat, ob es bestimmte Gesellschaftssysteme gibt, die die Menschen möglicherweise nicht errichten können, usw. Mit einer solchen Untersuchung haben wir noch nicht wirklich begonnen. Es ist folglich nur eine Vermutung, wenn ich sage, daß die Reihe möglicher Gesellschaftssysteme sich als sehr begrenzt erweisen mag. Natürlich ist es von großer Bedeutung für den Menschen, ob er in dem einen Gesellschaftssystem lebt oder in einem anderen, z. B. unter dem Kapitalismus oder unter dem Feudalismus. Wohingegen es, außer der zufälligen, keine Bedeutung für den Menschen hat, ob er die eine oder die andere Sprache spricht. Doch das ist eine ganz andere Frage als die, welche Arten von Systemen sozialer Organisation für den Menschen möglich sind und welche nicht.

Sie haben über eine mögliche Konvergenz Ihrer linguistischen Arbeit mit Ihren politischen Vorstellungen gesprochen. Hatten Ihre politischen Vorstellungen irgendeinen Einfluß auf die Arbeiten, die Sie bisher in der Linguistik durchgeführt haben? Haben Sie Ihnen z. B. Hypothesen nahegelegt?

Ich glaube nicht. Meine Arbeit galt einige Jahre lang dem Versuch, ein behavioristisches Programm durchzuführen. Als Student war ich sehr davon überzeugt, daß es möglich wäre, einfache induktive Prinzipien aufzustellen, die erklären, wie Sprache erworben wird. Ich glaubte, es müßte einfache induktive Prinzipien geben, die von einem Korpus von Daten direkt zur Organisierung dieser Daten führen würden, und daß eine solche Organisierung das sei, was Sprache in Wirklichkeit ausmacht. Aber gleichzeitig versuchte ich, nebenbei, generative Grammatiken zu schreiben. Ich nahm an, diese generativen Grammatiken seien nur ein Spaß und mein privates Hobby. Ich hielt den Versuch, analytische Verfahren zu entwickeln, für die richtige Sache. Erst viel später, sehr viel später, vielleicht nach vier Jahren wirklich harter Arbeit, konnte ich mich endlich davon überzeugen, daß der Versuch, analytische Verfahren zu entwickeln, Unsinn und generative Grammatik das einzig Wahre ist.

Wie begannen Sie sich für die generative Grammatik zu interessieren?

Sie lag schon lange Zeit in der Luft. Wenn ich z. B. Humboldt richtig verstehe, so hatte er ein Konzept, das dem der generativen Grammatik ähnlich ist. Ob das nun zutrifft oder nicht, so ist zumindest eines klar: Wenn Humboldt ein Konzept der generativen Grammatik hatte, konnte er nichts damit anfangen, weil er nicht die Techniken zu ihrer Anwendung hatte. Es gab keine Möglichkeit, seine Erkenntnisse in eine reiche, erklärende Theorie umzusetzen. Das setzte neue Vorstellungen voraus, die erst allmählich aus dem Studium der Grundlagen der

Mathematik erwuchsen. Die Vorstellung von rekursiven Regelsystemen zum Beispiel. Dieses Studium konnte erst um 1930 Früchte tragen. Aber zu diesem Zeitpunkt hatte man Humboldt und seine Erkenntnisse nahezu vergessen. Ich hatte zufällig Glück, weil ich die Grundlagen der Mathematik zu studieren begann, ohne daran zu denken, daß sie irgendeinen Einfluß auf die Linguistik haben könnten. Aber es kam dann so, daß ich hier gerade das fand, was gebraucht wurde. Die ideale Situation wäre wohl die gewesen, wenn es 1940 jemand gegeben hätte, der sich ausführlich mit rationalistischer oder romantischer Literaturtheorie und Ästhetik beschäftigt und sich zufällig auch in der modernen Mathematik ausgekannt hätte. Ein solcher Mensch hätte sehr schnell gesehen, was zu tun war. Was mich betrifft, so war das ein reiner Zufall. Es traf sich, daß ich zur Zeit meines Heranwachsens einige Kenntnisse in historischer Linguistik erwarb, hauptsächlich dadurch, daß sich mein Vater, ein Hebraist, mit mittelalterlichen Grammatiktexten und mit der Geschichte der Sprache beschäftigte. In der historischen Linguistik gilt es als erwiesen, daß es zugrunde liegende Prozesse gibt, und daß man Erklärungen finden kann, wenn man beobachtet, wie diese Prozesse untereinander zusammenhängen. Natürlich geht man dabei im allgemeinen sehr atomistisch vor, und es steckt nicht viel Theorie oder System dahinter, aber zumindest ist das Konzept der Erklärung gegeben. Und ich hatte mich ja, wie bereits erwähnt, auch mit moderner Mathematik und Logik beschäftigt; so war es mir möglich, diese beiden Interessen miteinander zu verbinden. Zunächst hielt ich es nur für ein Hobby. Es brauchte viele Jahre, bis einiges davon veröffentlicht wurde. Auch nachdem ich selbst überzeugt war, konnte ich noch keine Publikation erreichen. Sehr wenige Leute sprachen dieser Arbeit irgendeinen Wert zu.

Glauben Sie heute, daß Ihre Arbeit über generative Grammatik weitere wissenschaftliche Fortschritte erlaubt?

Ich glaube, daß unter den biologischen Eigenschaften, die die

Natur des menschlichen Organismus regieren, einige sind, die mit der intellektuellen Entwicklung des Menschen in Beziehung stehen, einige, die mit seiner moralischen Entwicklung in Beziehung stehen, einige, die mit seiner Entwicklung als Mitglied der menschlichen Gesellschaft in Beziehung stehen, und einige, die mit seiner ästhetischen Entwicklung in Beziehung stehen. Ich vermute, daß sie restriktiv sind und daß wir feststellen werden, daß all diese Zwänge die menschliche Natur ausmachen. Sie sind weitgehend unveränderlich. Das soll heißen, daß sie in derselben Weise zum Menschsein gehören, wie die Tatsache, daß wir Arme und Beine haben, zum Menschsein gehört.

Wollen Sie damit sagen, daß es eine generative Grammatik für gesellschaftliche Beziehungen gibt?

Nicht unbedingt. Das heißt, ich glaube nicht, daß unsere Möglichkeiten, angemessene gesellschaftliche Beziehungen einzugehen, Beziehungen, die zu einer neuen Gesellschaftsform führen werden, unbedingt dieselbe Struktur haben würden wie eine generative Grammatik. Ich glaube nur, daß sie durch irgendeine Reihe von Prinzipien gebunden sein müssen. Aber ich kann diese Prinzipien natürlich nicht spezifizieren.

Sie glauben also, daß den Menschen ein Hang zur Ordnung angeboren ist, der sich spontan regen würde, wenn er nicht auf diese oder jene Weise unterdrückt wäre?

Das vermute ich. Die einzige Rechtfertigung für irgendeine repressive Institution ist wirtschaftliche oder kulturelle Rückständigkeit. Im Lauf der Zeit sollten wir, so weit ich sehen kann, allmählich alle repressiven Institutionen abschaffen, ohne Einschränkung. Wenn ich an die Epoche denke, in der wir jetzt leben, so habe ich den Eindruck, daß uns der gegenwärtige Stand der Technologie enorme Möglichkeiten gibt, repressive Institutionen abzuschaffen. Dank der Automation ist es nicht länger nötig, daß die Menschen idiotische Arbeiten ausführen, die in der Vergangenheit notwendig gewesen sein mögen. Es wird oft behauptet, die fortgeschrittene Technologie mache es dringend erforderlich, daß die Kontrolle über die Institutionen in die Hände einer kleinen Managergruppe gelegt werde. Das ist absoluter Unsinn. Als erstes kann die Automation den Menschen einen großen Haufen stupider Arbeit abnehmen und sie dadurch für andere Dinge freimachen. Die Computer ermöglichen auch einen sehr schnellen Informationsfluß. Ein jeder könnte über weit mehr und weit relevantere Information verfügen, als es bisher der Fall ist. Demokratische Entscheidungen könnten unmittelbar von allen, die betroffen sind, gefällt werden. Computer machen auch Simulation möglich: man könnte Simulationsexperimente anstellen und somit Entscheidungen testen, ohne die Kosten eines Fehlschlags tragen zu müssen. Natürlich ist das nicht die Art und Weise, in der diese Technologie tatsächlich angewandt wird. Sie wird zu Zwecken der Zerstörung eingesetzt. Selbst nach Beendigung des Vietnam-Krieges werden wir eine Situation haben, in der unsere Reichtümer einfach neu verteilt werden – zugunsten von so etwas wie dem ABM-System. Die elektronische Industrie hat seit Beginn des Vietnam-Krieges noch keinen angemessenen Anteil vom Budget erhalten. Also wünscht sie ein ABM-System. Der prozentuale Anteil der Regierungsausgaben für fortgeschrittene Technologie ist seit der Eskalation des Vietnam-Krieges reduziert worden, aus dem einfachen Grund, weil alle Soldaten mit Uniformen, Kugeln, Schuhen usw. versorgt werden müssen. Aber nach dem Ende des Krieges wird das Geld nicht umgeleitet und dazu benutzt werden, kollektive Bedürfnisse nach einer Ausweitung demokratischer Praktiken zu befriedigen. Es wird wiederum der Raumfahrt und der Telekommunikation, dem Verteidigungsministerium und der Weltraumbehörde zufließen. Innerhalb eines kapitalistischen Systems könnte das kaum anders sein.

Interviewer: Robin Blackburn, Gareth Stedman Jones, Lucien Rey

Noam Chomsky, geboren 1928, lehrt am Massachusetts Institute of Technology (MIT). In zahlreichen Arbeiten hat er die Grundlagen zu einer umfassenden mathematischen Theorie der natürlichen Sprachen entwickelt. Sie wurde als die der »generativen Grammatik« international bekannt; auch bei uns hat die Diskussion darüber eingesetzt. Hauptwerke: *Syntactic Structures* (1957); *Aspects of the Theory of Syntax* (1965; deutsch: *Aspekte der Syntax-Theorie*, 1969); *Cartesian Linguistics* (1966); *Language and Mind* (1968; deutsch: *Sprache und Geist*, 1970). Seine politischen und zeitkritischen Aufsätze sind in dem Band *American Power and the New Mandarins* (1967, 1969; deutsch: *Amerika und die neuen Mandarine*, 1969) gesammelt.

suhrkamp taschenbücher wissenschaft

stw 1 Jürgen Habermas
Erkenntnis und Interesse
Mit einem neuen Nachwort
ca. 400 Seiten

stw 2 Theodor W. Adorno
Ästhetische Theorie
564 Seiten

stw 3 Ernst Bloch
Das Prinzip Hoffnung
In drei Bänden
Insgesamt 1655 Seiten

stw 4 Walter Benjamin
Der Begriff der Kunstkritik in der deutschen Romantik
120 Seiten

stw 5 Ludwig Wittgenstein
Philosophische Grammatik
Herausgegeben von Rush Rhees
491 Seiten

stw 6 Jean Piaget
Einführung in die genetische Erkenntnistheorie
Vier Vorlesungen
Aus dem Amerikanischen von Friedhelm Herborth
108 Seiten

stw 7 J. Laplanche — J. B. Pontalis
Das Vokabular der Psychoanalyse
In zwei Bänden
Aus dem Französischen von Emma Moersch
Insgesamt 652 Seiten

stw 8 G. W. F. Hegel
Phänomenologie des Geistes
ca. 630 Seiten

stw 9 Materialien zu Hegels »Phänomenologie des Geistes«
Herausgegeben von Friedrich Fulda und Dieter Henrich
ca. 400 Seiten

stw 10 Einführung in den Strukturalismus
Mit Beiträgen von O. Ducrot, T. Todorov, D. Sperber, M. Safouan
und F. Wahl
Aus dem Französischen von Eva Moldenhauer
ca. 500 Seiten

stw 11 Siegfried Kracauer
Geschichte — Vor den letzten Dingen

stw 12 Niklas Luhmann
Zweckbegriff und Systemrationalität

stw 13 Gershom Scholem
Zur Kabbala und ihrer Symbolik

stw 14 Claude Lévi-Strauss
Das wilde Denken

stw 15 Peter Szondi
Studienausgabe der Vorlesungen.
Band 1: Die Theorie des bürgerlichen Trauerspiels im
18. Jahrhundert

stw 16 Erik H. Erikson
Identität und Lebenszyklus

stw 17 Rudolf Bilz
Wie frei ist der Mensch?
Paläoanthropologie Band 1

stw 18 Viktor von Weizsäcker
Der Gestaltkreis